Königs Erläuterungen und Materialien
Band 55

Erläuterungen zu

William Shakespeare

Romeo und Julia

von Frauke Frausing Vosshage

Bange Verlag

Über die Autorin dieser Erläuterung:

Frauke Frausing Vosshage, geboren 1941, studierte in Kiel und Paris Romanistik, Anglistik und Psychologie. Dissertation über die Rezeption des amerikanischen Dramas in Frankreich mit besonderer Berücksichtigung von Tennessee Williams *A Streetcar named Desire.* Weitere unterrichtsbezogene Veröffentlichungen zur amerikanischen, englischen und französischen Literatur. Sie unterrichtet seit über 30 Jahren Englisch und Französisch an einem Lübecker Gymnasium.

3. Auflage 2006
ISBN 10: 3-8044-1705-1
ISBN 13: 978-3-8044-1705-2

Titelabbildung: Szenenfoto aus dem Spielfilm „Romeo und Julia" (USA 1996), Leonardo DiCaprio als Romeo, Claire Danes als Julia
Druck und Weiterverarbeitung: Tiskárna Akcent, Vimperk

Vorwort

Die unvergängliche Geschichte der beiden Liebenden Romeo und Julia, die Gewalt und Erstarrung durch ihren Tod überwinden, leuchtet ebenso wie sein Schöpfer, William Shakespeare, wegweisend aus dem fernen elisabethanischen Zeitalter in unser neues Jahrtausend hinein.

Die vorliegende Darstellung der Tragödie *Romeo und Julia* wendet sich an Lernende, Studierende und Lehrende der Shakespeare-Literatur an Schulen und Hochschulen. Sie legt den Schwerpunkt auf eine Einführung in die Shakespeare-Zeit und eine engagierte Charakterisierung, Analyse und Kommentierung des Werkes. Die englischsprachigen Abschnitte befassen sich mit der Anwendung der literarischen Terminologie für eine Beschreibung des Werkes, mit Aufgaben zur Textbehandlung und kommentierender Literatur.

Unter den zahlreichen Textausgaben habe ich besonders die Ausgaben bei Reclam (RUB 9005, Englisch, und RUB 5, Deutsch) herangezogen.

Mit jeder Annäherung an Autor und Werk wächst das Verständnis der zeitlosen Dramatik und die Erkenntnis der unerschöpflichen Vielfalt an Motiven, Gedanken und Bezügen. Damit wird dieses Stück Weltliteratur zum bleibenden Gewinn.

Frauke Frausing Vosshage

1. William Shakespeare: Leben und Werk

1.1 Biografie[1]

Jahr	Ort	Ereignis	Alter
1564 (23. 4.)	Stratford-upon-Avon	William Shakespeare wurde in Stratford-upon-Avon als Sohn des Ratsherrn und Geschäftsmannes John Shakespeare und seiner Frau Mary Arden, Tochter eines Gutsbesitzers aus Warwickshire, geboren. Seit 200 Jahren wird der 23. April, der St. Georgstag, als Geburtstag angenommen. Er war das dritte Kind nach zwei Töchtern, die früh starben. Von 1566 bis 1580 wurden noch zwei Töchter und drei Söhne geboren.	
1564 (26. 4.)	Stratford-upon-Avon	Eintragung der Taufe Williams im Register der Holy Trinity Church in Stratford	

1 Shakespeares Autorenschaft wurde 200 Jahre lang nicht in Zweifel gezogen. Erst seit dem 19. Jh. und einem restaurativen Genie-Kult werden Namen anderer Autoren, Mitglieder der Aristokratie, als „wahrscheinlichere" Schöpfer der Werke genannt: vor allem Francis Bacon, der Earl von Rutland, aber auch Christopher Marlowe, obwohl dieser schon 1593, mit 29 Jahren, gestorben war. Schoenbaum, S., Shakespeare's Lives. Washington 1988 diskutiert ausführlich alle vorgebrachten Thesen.

Jahr	Ort	Ereignis	Alter
1571	Stratford-upon-Avon	Er besuchte als Sohn des wohlhabenden Bürgers John S. wahrscheinlich die sehr geschätzte Grammar School in Stratford. Neben Unterweisung im religiösen und sozialen Verhalten wurde vor allem Latein zur mündlichen und schriftlichen Beherrschung gelehrt. Die klassischen Dichter, Historiker und Moralisten wurden gelesen. W. S. muss ein unersättlicher Leser gewesen sein, der alles Vorhandene auch in verschiedenen Sprachen aufnahm. Die Grammar School-Bildung jener Zeit war eine umfassende Vorbereitung auch für hohe Aufgaben in der Elisabethanischen Gesellschaft.	7
1570–75	Stratford-upon-Avon	In Stratford traten wiederholt Artisten, Akrobaten und vor allem berühmte Theatertruppen wie „The Queen's Men" auf. W. S. war 1575 vielleicht auch unter den Zuschauern bei den Festlichkeiten zu Ehren von Königin Elisabeth auf Schloss Kenilworth, nahe Stratford.[2]	11

2 Vgl. Materialien

Jahr	Ort	Ereignis	Alter
1578	Stratford-upon-Avon	W. S. begann, wahrscheinlich in der Werkstatt des Vaters, eine Lehre als Handschuhmacher und Lohgerber.	14
1582 (30.11.)	Stratford-upon-Avon	W. S. heiratete Anne Hathaway, die wahrscheinlich 1556 geboren wurde, also 8 Jahre älter war als W. S., der wegen seines Alters die Einwilligung seines Vaters für die Eheschließung benötigte.	18
1583 (26. 5.)	Stratford-upon-Avon	Taufe der ersten Tochter Susanna	19
1585 (2. 2.)	Stratford-upon-Avon	Taufe der Zwillinge Hamnet und Judith	20
1585–92	London; Stratford-upon-Avon	Über die Aktivitäten und Aufenthaltsorte in diesen Jahren gibt es keine Belege, sondern Vermutungen und Spekulationen: W. S. soll Stratford verlassen haben wegen eines Streites mit einem Großgrundbesitzer. Er soll Hauslehrer, Soldat, Angestellter in einem adligen Haus oder schon im Londoner Theatermilieu tätig gewesen sein. Möglicherweise kam er 1588 nach London als Mitglied der „Queen's Men",	20–28

Jahr	Ort	Ereignis	Alter
		die 1587 in Stratford auftraten. 1589 machte Thomas Nashe eine abfällige Bemerkung über W. S., die zeigt, dass er als Schauspieler gut bekannt war.	
1592	London; Stratford-upon-Avon	Die ersten Hinweise auf W. S. als erfolgreichen Schauspieler und Dramatiker: erschienen nach dem Tod des Dramatikers Robert Greene in einer am 3. September posthum veröffentlichten Polemik, in der W. S. ausdrücklich als erfolgreicher „Shakescene" erwähnt wurde („The upstart crow").	28
1593	London; Stratford-upon-Avon	Schließung der Londoner Theater wegen der Pest. W. S. widmete sein Versepos *Venus and Adonis* dem Grafen von Southampton, Henry Wriothesley.	29
1594	London; Stratford-upon-Avon	Öffnung der Theater. W. S. wurde Mitglied der „Lord Chamberlain's Men". Hauptdarsteller war Richard Burbage. W. S. scheint aber eine hervorragende Stellung in der Truppe gehabt zu haben. Er wurde wahrscheinlich Teilha-	30

Jahr	Ort	Ereignis	Alter
		ber des Theaterunternehmens. Die Truppe war erfolgreich am Hof von Königin Elisabeth.	
1596 (11. 4.)	Stratford-upon-Avon	Hamnet, einziger Sohn von W. S., wurde in Stratford begraben.	32
1597	London; Stratford-upon-Avon	W. S. kaufte das zweitgrößte Haus in Stratford: „New Place", das bis zu seinem Tod sein Wohnsitz in Stratford war. In London wohnte er zur Miete neben dem Theater.	33
1598	Stratford-upon-Avon	Francis Mere veröffentlichte die Abhandlung *Palladis Tamia*, in der W. S. und seine Werke erwähnt wurden. – Sein Name erschien auch in Verträgen über Grundstückserwerbungen und in einem Inventar über die Vorräte in Haushalten. Bis zu seinem Tod 1616 gibt es etwa 100 Hinweise und Anspielungen auf Person und Werke Shakespeares.[3]	34
1598–99	London	Errichtung des Theaters „The Globe", in dem die Truppe „The Lord Chamberlain's Men" von nun an auftrat.	34–35

3 Schabert, Ina, *Shakespeare-Handbuch*, Kröner, 1992, S. 164 f.

Jahr	Ort	Ereignis	Alter
1601 (8. 2.)	London; Stratford-upon-Avon	Die Truppe, die am Abend zuvor für den Grafen Essex gespielt hatte, wurde vom Verdacht der Konspiration gegen Elisabeth I. freigesprochen. Sie konnte nun wieder bei Hofe auftreten. Tod John Shakespeares im September in Stratford.	36
1602	Stratford-upon-Avon	Shakespeare kaufte in Stratford Ländereien und ein weiteres Haus. Er investierte sein Geld umsichtig und war bekannt als erfolgreicher Geschäftsmann[4].	38
1603 (24. 3.)	London; Stratford-upon-Avon	Tod Elisabeths I. Jakob I., ihr Nachfolger, übernahm die Truppe unter dem Namen „The King's Men". W. S. war weiterhin Hauptteilhaber der Truppe, erschien aber nicht mehr in den Schauspielerlisten.	38
1605	Stratford-upon-Avon	W. S. erwarb Zinsrechte an den „Zehnten" von Old Stratford, Bishopton und Welcombe.	41
1607 (5. 6.)	Stratford-upon-Avon	Hochzeit der ältesten Tochter Susanna mit John Hall, einem Arzt in Stratford.	43

4 ebd., S. 170 ff.

Jahr	Ort	Ereignis	Alter
1608	London; Stratford-upon-Avon	Tod von Shakespeares Mutter Mary Arden im September. Geburt von Elisabeth, der ersten Enkelin von W. S. Die „King's Men" bezogen neben dem „Globe" das Privattheater von „Blackfriars". Aufführungen fand im „Globe" nur noch in den Sommermonaten statt.	44
1612	Stratford-upon-Avon	W. S. lebte nun vorwiegend in Stratford, blieb aber mit dem Londoner Theater im Kontakt, vor allem mit Richard Burbage.	47
1613	London	W. S. kaufte im Londoner Stadtteil Blackfriars ein Haus. Brand im „Globe" während der Premiere von *Heinrich VIII.*	49
1616 (10. 2.)	Stratford-upon-Avon	Heirat der Tochter Judith mit dem Weinhändler Thomas Quiney	51
1616 (25. 3.)	Stratford-upon-Avon	W. S. machte sein Testament, in dem er seine Familie und Freunde großzügig bedachte. Seine Schauspielerkollegen erhielten Geld, um einen Ring zu kaufen, den sie zu seinem Gedächtnis tragen sollten. Seine Frau Anne sollte „the second best bed" bekommen. Wenn	

Jahr	Ort	Ereignis	Alter
		das beste Bett für Gäste vorgesehen war, könnte das zweitbeste das eigene Ehebett gewesen sein. Anne war gut versorgt mit Wohnrecht und einem Drittel des Grundbesitzes.	
1616 (23. 4.)	Stratford-upon-Avon	Einen Monat nach Unterzeichnung seines Testamentes starb W. S. an der Bright[5]-Krankheit. Sein Todestag wird als der 23. April angenommen. W. S. wurde im Chorraum der Holy Trinity Church in Stratford beigesetzt. Als ‚gentleman' hatte W. S. Anrecht auf diese Ehre. Seine Grabplatte enthält die vermutlich von ihm selbst verfassten Worte: „Good friend, for Jesus' sake forbear/To dig the dust enclosed here./Blest be the man that spares these stones,/ And curst be he that moves my bones." („Guter Freund, um Jesu willen lass ab, an dieser	52

5 Diese von dem englischen Arzt Richard Bright (1789-1858) erstmals beschriebene und nach ihm benannte Krankheit ist eine chronische Nierenerkrankung. Die deutsche Professorin Hammerschmidt-Hummel setzt nach Vergleichen von Shakespeare-Darstellungen dagegen, dass eine Krebsgeschwulst am linken Auge auf mehreren Darstellungen auf Shakespares Tod durch eine Krebserkrankung hinweise. Vgl. Usher, Rod, *The Bard or Not the Bard.* Time, 13. Mai 1996

Jahr	Ort	Ereignis	Alter
		Stelle zu graben. Gesegnet sei der Mensch, der diese Steine nicht anrührt, und verflucht sei der, der meine Gebeine fortbewegt.“). Tatsächlich ist sein Grab nie geöffnet worden.	
1623 (6. 8.)	Stratford-upon-Avon	Tod von Anne Hathaway, der Witwe des Dichters, in Stratford im Alter von 67 Jahren. Elisabeth, einziges Kind der ältesten Tochter von W. S., wurde nach dem Tod der anderen Nachkommen Universalerbin der Familie.	
1670	Stratford-upon-Avon	Erlöschen der direkten Linie der Shakespeare-Familie	

1.2 Zeitgeschichtlicher Hintergrund

Shakespeares Epoche

Romeo und Julia entstand in der Mitte des ersten großen Jahrzehnts in Shakespeares dramatischem Schaffen, am Ende des 16. Jahrhunderts und im letzten Jahrzehnt der Herrschaft Elisabeths I. In deren langer Regierungszeit (1558–1603) hatte sich das erste englische Empire entwickelt. Es war Konkurrent der Weltmacht Spanien und gewann nach der Vernichtung der spanischen Flotte, der Armada (1588), die Seevormacht. Zugleich erlebte England eine kulturelle und wirtschaftliche Blütezeit, die als das große Finale der ursprünglich walisischen Tudor-Dynastie in die Geschichte eingegangen ist. Shakespeare war geprägt vom Wissen, von den Erfahrungen und den Werten der Elisabethanischen Epoche, in der die Königin, klug, hoch gebildet und ehrgeizig, mit den Mächten des Kontinents um die Krone in Politik, Künsten und Lebensart wetteiferte. Das neu entstehende Nationalgefühl, eine Art Ersatzreligion, wuchs aus der Verherrlichung der machtvollen Königin, der Erfahrung relativer innerer Stabilität und wachsendem außenpolitischem Selbstbewusstsein.

Ein Spiegel der Epoche

Shakespeare spiegelt diese vielfältige Epoche in dem Themen- und Sprachreichtum, in den Schönheiten und den Abgründen seiner Theaterwerke, aber auch in seiner persönlichen Verbindung von unternehmerischem Eigeninteresse, Anpassungsbereitschaft und einer zutiefst empathischen Aufnahme- und Gestaltungsfähigkeit menschlichen Verhaltens.[6] Sein thematischer und formaler Eklektizismus entspricht einer Zeit des

6 Thomas Mann: *„Shakespeare ist meiner Meinung nach der größte Psychoanalytiker, der je gelebt hat.“* Zit. nach Alan Posener, *William Shakespeare,* Rowohlts Monographien, Überarb. Aufl. Rowohlt, 2001, S. 164

Wandels, der neuen geistigen Strömungen und der Faszination von gegensätzlichen Menschenbildern. *Hamlet (1601)*, die Tragödie eines Zweiflers und unwilligen Machterben, entsteht am Ende von Elisabeths Herrschaft. Shakespeares erste Tragödien nach dem entscheidenden Dynastiewechsel zu dem schottischen Jakob I., dem Sohn der Maria Stuart, waren *King Lear* und *Macbeth*, zwei Herrschertragödien. Während *King Lear* eine scheiternde Machtübergabe dramatisiert, zeigt *Macbeth* den kriminellen Weg eines Ehrgeizigen zur Macht und seinen Sturz. Beide Tragödien basierten auf Überlieferungen aus ferner Vergangenheit, sie waren aber hoch aktuell in Bezug auf die Frage nach der Rechtfertigung von Herrschaft. Überzeugt von seiner gottgerechten Königswürde, konnte Jakob I. sich mit Malcolm identifizieren, dem Befreier vom Usurpator Macbeth.

Die Regentschaft des ersten Stuart verband erstmals England, Irland und Schottland in Personalunion. Jakob trat vom katholischen zum anglikanischen Glauben über und verfügte zugleich einen Glaubenskonformismus, der vor allem nach der misslungenen Verschwörung gegen König und Parlament, 1605 (Gunpowder Plot), Katholiken und Protestanten in großer Zahl außer Landes trieb. Dabei war die zentralistische, autoritäre Monarchie zunehmend auf das Geld der reichen Bürger und Landbesitzer und auf die Unterstützung des neuen höfischen Adels angewiesen und suchte auch außenpolitisch nach Verbündeten.

Shakespeares drittes und letztes Schaffensjahrzehnt, in dem die großen Tragödien über das Thema Macht und Ohnmacht, aber auch märchenhafte Parabeln und Historiendramen entstanden, endete mit dem *Sturm* und der Gestalt des weisen Prospero, der als Shakespeares Versöhnung mit den Widersprüchen dieser Welt oder als Vision eines gütigen Gottes gedeutet wird.

Der Geist der Elisabethanischen Epoche

Nach den Erschütterungen und der Umgestaltung des religiösen und politischen Systems in der ersten Hälfte des 16. Jahrhunderts unter Heinrich VIII., dem Vater Elisabeths, wurde das Elisabethanische Zeitalter zu einer Phase der religiösen Befriedung[7], der wirtschaftlichen Expansion, des wachsenden bürgerlichen Selbstbewusstseins.[8] Der agrarische Feudalstaat war zerschlagen. Gründungen von Schulen und Colleges, der Beginn der wissenschaftlichen Forschung veränderten das Denken. Francis Bacon gab in seinem Werk *Der Fortschritt des Wissens* (1606) einen Einblick in die ‚kopernikanische Wende' nicht nur in der Astronomie. Neben der humanistischen Aufklärung lebten aber auch Aberglauben, Magie und Esoterik fort.

Der Ehrgeiz der puritanisch-kapitalistischen Mittelschicht[9] und des neu geschaffenen, zunehmend höfisch orientierten Adels wurden von der klugen Elisabeth geschickt für ihre innen- und außenpolitischen Ziele eingesetzt. England, die Handelsmacht, förderte Expeditionen z. B. von Frances Drake und Walter Raleigh.[10] Die Entdeckungen bedeuteten Informationen, Rohstoffe und den Beginn von Kolonien. Breiterer

7 Die Epoche erlebte eine wirtschaftlich und kulturell vorteilhafte Immigration, vor allem von religiös verfolgten Protestanten, die Kenntnisse und neue Einstellungen mitbrachten.

8 Vera K. Dale, *Shakespeare and the Age that made him,* E. Klett Verlag, 1987, S. 15

9 „The rise of capitalism affected society in two contrasting ways. It strengthened the monarchy, especially against Catholicism; and by such means as the Puritan sermon, the printing-press, the commercial playhouse, it helped knit together a new national consciousness. On the other hand, capitalism, in a century of steeply rising prices, brought about radical changes in the composition of society. Spending habits of excess upset the customary standards founded on old routines of farming the soil. And a new spirit of competition loosened the whole social hierarchy." G. M. Trevelyan, *English Social History,* London 1961, S. 173 ff.

10 Persönlichkeit und Leben des **Sir Walter Raleigh** (1552-1618), Shakespeares Zeitgenosse, zeigen beispielhaft Größe und Ehrgeiz eines Renaissance-Menschen auf dem Weg in eine neue Zeit: Er war Soldat, Dichter, Wissenschaftler, und Schriftsteller, Abenteurer auf der Suche nach dem sagenhaften Goldland, Seefahrer, Gründer einer Kolonie, erfolgreicher Diener der Königin, Unter Jakob I. jedoch angeklagt wegen Hochverrats, verurteilt und schließlich hingerichtet. Im Gefängnis schrieb er seine Weltgeschichte *(The History of the World, 1614)* und meditierte über Aufstieg und Fall großer Persönlichkeiten.

Wohlstand und die vereitelte Invasion der Insel stärkten das optimistische Lebensgefühl. Ein Leben in Gemeinschaft, Feste mit Musik und Tanz, Verkleidungen und satirischem Mummenschanz an den Jahresenden, dieses ‚Merry Old England', in dem Volk und Königin sich an Tanz, Musik und Theater erfreuten, war überschattet von Epidemien, vor allem der Pest. Die letzten Jahren von Elisabeths Regierung standen unter keinem guten Stern; sie brachten Hunger und Arbeitslosigkeit, aber auch die Gründung der Ostindien-Gesellschaft, mit der die Hoffnung auf Eroberungen und Reichtümer verbunden war. Nach der Elisabethanischen Epoche wurde die geistige und wirtschaftliche Krise vollends offenbar, die der Dichter John Donne in seiner *Analyse der Welt* (1611) beklagte.

Der ‚neue' Mensch

Reformation, Humanismus und die Kunst Italiens und Frankreichs beeinflussten auch England. Adlige wurden Mäzene der Künstler und erlangten so Wissen und Prestige. Das Interesse am Menschen und seiner Vervollkommnung[11] traf zusammen mit dem Enthusiasmus der Künstler, Entdecker und Forscher. Das Gebot der Dichter, Nutze den Tag (carpe diem), trotzte den Schwierigkeiten und Gefahren eines meist kurzen Lebens.
Der ideale Mensch der Renaissance war selbstbewusst, gebildet, kunstliebend und dem Ruhm seiner Familie verpflichtet. Bedeutende Taten und Werke sollten aber auch seinen persönlichen Ruhm in späteren Generationen sichern.
Dieser aktive Optimismus entsprach auch dem Selbstbild der Puritaner, die in der erfolgreichen, ausdauernden und gesell-

11 In der Renaissance entstanden Typologien des Menschen, deren Einfluss bis ins unsere Zeit spürbar ist: Castgliones idealer Aristokrat, Pico della Mirandolas selbst bestimmter Intellektueller, Macchiavellis Typ des erfolgreichen Machtmenschen, Rabelais Genussmenschen und sein Gemeinschaftsideal der Abtei von Thélème, das wahrhaftige Selbstbild des Michel de Montaigne und schließlich der Märtyrer des aufgeklärten Glaubens, z. B. Giordano Bruno. Dessen „Nachfolger", Galilei, wurde in demselben Jahr wie Shakespeare geboren.

schaftlich anerkannten Ausübung ihrer individuellen Talente gottgefälliges Handeln sahen, das sie zu Erwählten machen konnte.

Dichtung und Sprache

Während das Drama als literarische Form in der Renaissance zunächst kaum Anerkennung fand, wurden die Dichtungsgattungen, vor allem das Sonett und das Versepos als edle Künste geschätzt., die von Mäzenen gefördert wurden. Shakespeare war auch hierin ein Repräsentant seiner Zeit, da er seine Werke erfolgreich mit dem Namen seines jeweiligen Gönners verband und zunächst wegen seiner „süßen Verse" gerühmt wurde[12] (Shakespeare widmete die 1592/93 veröffentlichten Versepen *Venus und Adonis* und *Die Schändung der Lucretia* Henry Wriothesley, Earl von Southampton).
Sein dichterisches Genie fand seinen eigentlichen Raum jedoch im Theater. Erst in dieser sinnlichen und lebendigen Welt, wo der Klang durch Stimmen und Worte zentrales Medium war, entfaltete seine Sprache ihre einzigartige Vielfalt, Kraft und Prägnanz und sicherte ihm schon zu seinen Lebzeiten anhaltenden Erfolg.[13] Die auditiv geschulten Zuhörer nahmen mit ihren Reaktionen und Kommentaren aktiv und kritisch Anteil an den Aufführungen. Die Darstellung von Frauenrollen durch Knaben muss stimmlich und darstellerisch eine weitere Quelle für reizvolle Zwischentöne und Verwirrspiele gewesen sein. Schein und Sein, Täuschung und Selbsttäuschung, auch durch Verkleidungen und Masken, gehörten zum Wesen des Theaters.[14]

---

12 Er wurde 1593 als „honey-tongued creator" und sein Stil als „honey-flowing vein" gerühmt.

13 Ulrich Suerbaum, *William Shakespeare*, Tübingen: 1996

14 Wolfgang Clemen, *Das Drama Shakespeares*, Göttingen: 1969, S. 115 f., findet dieses Kunstmittel vor allem in Shakespeares Komödien realisiert. Er leitet daraus die Erkenntnis der Problematik und Vielschichtigkeit des menschlichen Wesens überhaupt ab. Das Barock machte dann die Symbolik von Welt und Theater zu einem Leitmotiv. Auch in *Romeo und Julia* erscheint das Motiv der Masken (I, 4,5) und der Täuschung (Akt IV/V).

Theater als Wirtschaftsunternehmen

Die Theater waren meist im Gemeinschaftsbesitz der Schauspieler, deren Vielseitigkeit[15] sich fast exemplarisch in der Person Shakespeares darstellt: Vom Souffleur und Schauspieler wurde er zum erfolgreichen langjährigen Dramatiker, Regisseur und Theaterleiter[16]. Er war der Stardramatiker des Schauspielers und Unternehmers James Burbage, der 1576 das erste Theater in London gegründet hatte, 1599 das „Globe Theatre" eröffnete und Shakespeare zum Kompagnon machte.

Als private Wirtschaftsunternehmen mussten die Theater ihr Publikum im Wettbewerb mit anderen Theatern durch spannende, abwechslungsreiche Stücke gewinnen. In London spielten die großen Theater, wie Shakespeares „Globe", für ein Massenpublikum, das bis zu 3 000 Menschen umfassen konnte.[17] Die am Nachmittag stattfindenden Aufführungen hatten ein heterogenes, junges, geistig bewegliches Publikum, zu dem auch viele Frauen gehörten, denen das Theater – mangels schulischer Bildung der Frauen – Information und Unterhaltung vermittelte. Dort trafen sich die Aristokraten auf den überdachten Plätzen und jene, die für wenige Pfennige die

---

15 Die Schauspieler mussten nicht nur in verschiedenen Stücken auftreten, sondern oft auch in einer Aufführung mehrere Rollen übernehmen. Ihre Wendigkeit war auch das Resultat der schon im Kindesalter beginnenden Ausbildung zum Schauspieler. Dieser Beruf genoss jedoch keine gesellschaftliche Anerkennung.

16 Shakespeares Welt des Theaters spiegelt sich auch in vielen seiner Stücke.

17 *„Das Ideal der englischen Renaissance war Freiheit, Willenskraft, Scherz und Leben. Die elisabethanische Zuhörerschaft setzte sich aus Herren, Durchschnittsbürgern und dem großen Haufen, den ‚Gründlingen', zusammen und musste eine üppige und mannigfaltige Kost vertragen können. Sie verlangte Handlung, nicht langatmige Berichte über versteckte Handlung. Die Zuhörer (...) hatten eine ungezügelte Einbildungskraft, die von Ort zu Ort zu hüpfen vermochte und beim Gebot einer Handbewegung oder dem Andeuten einer Linie einen Kontinent durchqueren konnte. Das Elisabethanische Theater war ein Audruck der Elisabethanischen Engländer."* Will und Ariel Durant, *Englands Goldenes Zeitalter*, in: Kulturgeschichte der Menschheit, Ed. Lausanne, Bd. 20, S. 149.

Bühne unter freiem Himmel umstanden. Dagegen eiferten die Puritaner gegen das Theater als Ort der Ansteckung und Gottlosigkeit.[18]

Theater als Ort der Emotionen

Shakespeare und die großen Dramatiker seiner Zeit kamen dem Geschmack des Publikums entgegen, wenn sie Kämpfe, Tod und Wahnsinn, Hexen und Geister, Dämonen und Visionen in ihre Werke aufnahmen. Mit ihren Charakteren, ihren Themen und ihrer Sprache hatten sie vor allem großen Einfluss auf Wissen, Vorstellungen und Emotionen. In Handlungen von menschlichem Glück und Unglück, von guten und bösen Mächten erlebten die Zuschauer beispielhaft Höhe- und Tiefpunkte des Lebens. Sie wurden unterhalten und zugleich bewegt zu Bewunderung, zum Mitfühlen und durch Emotionen auch zum Verstehen.

18 Mit dem Ende der Elisabethanischen Zeit und der Regierung des ersten Stuart verlor das Theater mehr und mehr seine Integrationsfähigkeit. Die Theater und damit auch die Dramatiker suchten nun Kontakt zur Oberschicht. Auch Shakespeares Truppe, seit 1603 unter dem Schutz des Königs als „The King's Men", spielte seit 1609 mehr im „Blackfriars Theatre", das teurer als das populäre „Globe" war.

1.3 Angaben und Erläuterungen zu wesentlichen Werken

Die romantische Tragödie *Romeo und Julia* ist ein Höhepunkt in Shakespeares erster Schaffensphase. Das Werk steht zeitlich neben der lyrischen Komödie *Ein Sommernachtstraum* und thematisch in der Reihe der Stücke, die in dem fernen Venetien spielen, einer mythischen Gegend der Leidenschaften und Konflikte: Von *Zwei Herren aus Verona* bis zum *Kaufmann von Venedig*.

Werke und Aufführungsjahr[19]

Jahr	Werke	Alter W. S.
1589–92	**1 Heinrich VI., 2 Heinrich VI., 3 Heinrich VI.**	26–28
1592–93	*Richard III, Komödie der Irrungen*	28–29
1593–94	*Titus Andronicus, Der Widerspenstigen Zähmung,* **Veröffentlichung der Versdichtungen** *Venus und Adonis* **und** *Die Schändung der Lucretia*	29–30
1594–95	***Die beiden Veroneser, Liebes Leid und Lust***	30–31
1595–96	***Richard II., Ein Sommernachtstraum, Romeo und Julia***[20]	31–32

19 Genaue Angaben sind oft unmöglich. Entstehung und Aufführungsjahr sind von Forschern aus internen Hinweisen (im Text des Stückes) oder externen Hinweisen (z. B. Reaktionen, stilistischen und thematischen Ähnlichkeiten etc.) gezogen worden. Zu diesen gehört die Überlegung, dass jährlich selten mehr als zwei Theaterstücke aufgeführt wurden, wie aus den relativ klaren Datierungen hervorgeht.

20 Das Ersterscheinen der Tragödie wird aus obigen Gründen für das Jahr 1595 vermutet; von einigen Forschern wird es auf die Spielzeit 1594/95, von anderen auf die Spielzeit 1595/96 datiert. In Gero v. Wilpert (Hg.), *Lexikon der Weltliteratur,* Bd. II, Werke, Stuttgart: Kröner 1968, S. 888, wird die Entstehungszeit schon 1591 oder 1594/95 vermutet.

Jahr	Werke	Alter W. S.
1596–97	*König Johann, Der Kaufmann von Venedig*	32–33
1597–98	***1 Heinrich IV. , 2 Heinrich IV.***	33–34
1598–99	***Viel Lärm um nichts, Heinrich V.***	34–35
1599–1600	*Julius Caesar, Wie es euch gefällt*	35–36
1600–01	*Hamlet, Die lustigen Weiber von Windsor*	36–37
1601–04	***Was ihr wollt, Troilus und Cressida, Ende gut, alles gut***	37–40
1604–06	***Maß für Maß, Othello, König Lear, Macbeth***	40–42
1606–09	***Antonius und Cleopatra, Coriolan, Timon von Athen, Pericles,*** Veröffentlichung der **Sonette,** viele schon um 1592–98 geschrieben	42–45
1609–13	***Cymbeline, Das Wintermärchen, Der Sturm, Heinrich VIII.***	45–49

Integration und Überwindung traditioneller Motive in *Romeo und Julia*

Die Sonettdichtung

Romeo und Julia gehört in die Entstehungszeit von Shakespeares Sonettzyklus, der wahrscheinlich zwischen 1593 und 1599 geschrieben wurde und 1609 im Druck erschien[21]. Das Sonett war die kunstvollste und zugleich populärste Form des Liebesgedichtes in der Renaissance, da es in wenigen Zeilen eine emotionale Situation mit Selbstreflexion und Erkenntnis entwickelte

21 Die erste Veröffentlichung 1609 trug die Widmung: „Für Mr. W. H., den einzigen wahren Erzeuger" („the only true begetter").

und das innerweltliche „carpe diem" mit einer idealistischen Liebesphilosophie verband.[22]

Sonette leiten die ersten beiden Akte von Romeo und Julia ein und stellen einen überlegenen Kontrapunkt zur Gefühlsdramatik dar[23]. Die Sonette in *Romeo und Julia* entsprechen der Form, die Shakespeare auch in seinem Sonettzyklus anwandte und die mit ihrer Folge von drei Vierzeilern und einem abschließenden Paarreim als „englische" Sonettform im Unterschied zur italienischen und französischen Form der Zweiteilung in zwei Vierzeiler und zwei Dreizeiler galt.[24] Zahlreiche Motive aus dem Sonettzyklus, den 154 Liebesgedichten an einen schönen Jüngling und an eine „dunkle Dame", erscheinen auch in R*omeo und Julia*: z. B. die emphatische, aber auch ambivalente Idealisierung des Liebesobjektes, die Klage über die Vergänglichkeit des Lebens und die despotische Zeit, die Herrschaft der Gefühle in Personifikationsmetaphern, die Lebensmüdigkeit und die Spiegelung der sichtbaren und unsichtbaren Welt im Verlauf des menschlichen Lebens.[25]

In *Romeo und Julia* wird die Empfindungs- und Sprachwelt der Sonett-Lyrik durch die Entwicklung der Liebeshandlung implizit als künstlich, starr und unerotisch entlarvt und von der spontanen, reichen Inspiration durch die einzigartige Erfahrung der Liebesbindung übertroffen.[26]

---

22 Dantes dichterische Liebe für Beatrice und Petrarcas Sehnsucht nach der unerreichbaren Laura wurden auch zu Vorbildern für philosophische Thesen in humanistischen und höfischen Kreisen. Der einflussreiche Humanist Pietro Bembo (1470-1547) z. B. entwickelte nach dem Vorbild von Platons *Symposion* Gespräche über die Liebeskultur. Shakespeare benutzt in seinen Sonetten die petrarkistischen Konventionen mit Ironie und scharfer Selbstwahrnehmung.

23 Vgl. 2.6

24 Die Liebeslyrik, besonders die Petrarcas (1304-1374), prägte Dichtungsformen und Motive vor allem der Renaissance-Literatur. In England fand der „Petrarkismus" in der Dichtung von Henry Howard, Earl of Surrey, Philip Sidney, Edmund Spencer, Samuel Daniel und Shakespeare seinen Höhepunkt.

25 Ein berühmtes Beispiel für ein Shakespeare-Sonett vgl. 5. Materialien.

26 Vgl. Teil 2.6

Der herkunftsbedingte Liebeskonflikt[27]

In der Renaissance war die über Generationen reichende Verfeindung von Familien ein verbreitetes gesellschaftliches Phänomen. Der herkunftsbedingte Liebeskonflikt war eine Folge der Familienfehden. Das damit zusammenhängende **Motiv der heimlichen Heirat** war verbreitet in der Literatur vom sechzehnten bis ins achtzehnte Jahrhundert. Durch die heimliche Heirat erschien die eigentlich unerlaubte Liebe moralisch akzeptabel.
Sie findet sich schon in der Vorfassung zu *Romeo und Julia* bei Masuccio (1476). Da Porto (1524) erklärte dann den Liebeskonflikt erstmals mit der Feindschaft zwischen den Familien. Er dramatisierte dieses auch, indem in seinem Text Romeo einen Bürger tötet, der ein Verwandter Julias ist.
Shakespeare entwickelte dieses Motiv vor allem psychologisch weiter, indem die Feindschaft der Familien in der Außenhandlung als ‚politisches' Phänomen erscheint, das in den Familien tabuisiert, also nach innen ‚verschwiegen' wird. Die Konsequenzen für die nächste Generation werden verdrängt. Das Schweigen potenziert die Wirkung des Feindschaftsmythos. Die jungen, aus unbewusster Prägung und individueller Dynamik reagierenden Liebenden übersetzen den sich verschärfenden äußeren Konflikt in das tiefe Gefühl der Isolation und Endzeitigkeit. Daher lässt Shakespeare auch die erste und einzige Liebesnacht im Gegensatz zu früheren Versionen erst nach der heimlichen Heirat und dem Bannspruch gegen Romeo stattfinden und steigert die Krise der verborgenen Liebeseinheit durch die Entzweiung der Welt.

27 Elisabeth Frenzel, *Motive der Weltliteratur,* 2. Aufl. Stuttgart: Kröner, 1980.

Das Duell

Das Duell war im 16. Jahrhundert von Kirche und Staat verboten. Es entsprach jedoch dem Ehrbegriff der selbstbewussten männlichen Gesellschaft und wurde trotz der Verbote schweigend akzeptiert.[28]
In *Romeo und Julia* wird der Gegensatz zwischen der Autorität des Prinzen, der die Duelle untersagt und mit Strafen belegt, und dem Eigenwillen beider Familien, die dieses Gebot immer erneut verletzen, zum Leitmotiv, das auch die tragische Entwicklung auslöst.
An Romeos Haltung gegenüber dem Duell zeigt sich seine Wandlung und zugleich seine ‚Mehrfachbindung'. Geläutert durch die Liebe, will er seinen „Erzfeind" Tybalt zur Freundschaft bekehren. Dafür erntet er jedoch nur dessen Hass und zudem den Spott seines Freundes Mercutio, der ein Meister des Gefechts mit Wort und Waffe ist. Als Mercutio kurz darauf von Tybalt heimtückisch erstochen wird, gerät Romeo erneut in den Mechanismus von Gewalt und Gegengewalt, da er sich zur Rache verpflichtet fühlt. Er zwingt Tybalt zum Duell, tötet ihn und muss erkennen, dass ihm selbst nun die Todesstrafe droht. Sein verzweifelter Ausruf: „O, I am fortune's fool!" bedeutet, dass er sich wieder einmal hilflos dem trügerischen Schicksal ausgeliefert fühlt.
Sein Freund Benvolio rettet Romeo vor dem Tod, aber er kann seine Verbannung aus der Stadt nicht verhindern.

28 1901 wurde die Anti-Duell-Liga gegründet. Das traditionelle Duell verschwand vor allem in Folge der gesellschaftlichen Umbrüche nach dem 1. Weltkrieg.

2. Textanalyse und -interpretation

2.1 Entstehung und Quellen

In keinem anderen Werk hat Shakespeare sich so eng an seine Quellen gehalten.
Die Geschichte von Romeo und Julia war schon lange vor Shakespeare in der europäischen Literatur bekannt. Es gab mehrere italienische Versionen, bevor im 16. Jahrhundert die Geschichte der beiden unglücklichen jungen Liebenden in Prosa und Vers erschien.

Luigi da Porto	Novelle ***Historia Novellamente Ritrovata du Due Nobili Amanti*** (um 1535)	Erstmals erscheinen die Namen der beiden Hauptpersonen als **Romeo** und **Giulietta.** Die Familien **Montecchi** und **Capelletti** in **Verona** liegen im Streit. Ein **Bruder Lorenz, Marcuccio** und **Thebaldo** treten auf. Romeos Erscheinen auf dem Maskenball, Balkon-Szenen sind neu.
Matteo Bandello	Novelle in einer berühmten Sammlung, ***Giulietta e Romeo*** (1554). Sie ist eine bekannte Neufassung der Geschichte, Grundlage von zwei Elisabethanischen Versepen.	Bandello unterstreicht den Familienstreit und Romeos Melancholie, Mercutios Selbstbewusstsein, die Rolle der Amme, die tragische Situation in der Gruft und Giuliettas Selbstmord.

Pierre Boiaistuau	Französische Version der Bandello-Erzählung (1559)	Getreue Übersetzung des Bandello mit einzelnen Ergänzungen, sehr verbreitet in Europa
Arthur Brooke	Versgedicht von 3029 Versen ***The Tragical History of Romeo and Juliet*** (1562)	Brooke folgt der Boiaistuau-Version und fügt Elemente aus der Chaucer-Erzählung ***Troilus and Criseyde*** ein: das blinde Schicksal und den mahnenden Prolog.
William Painter	Sammlung von Prosageschichten ***The Palace of Pleasure*** , darin ***The goodly history of the true and constant love between Rhomeo and Julietta*** (1567)	Painters Erzählung folgt der Fassung von Bandello, bzw. der bekannten französischen Version von Boiaistuau. Diese und vor allem die Fassung von Brooke hat S. gekannt und benutzt.

Das Versgedicht von Arthur Brooke, das bald auch als Prosaübertragung erschien, war Shakespeares wichtigste Quelle.

Inhalt von Brookes Versgedicht:	**Neue Akzente in *Romeo und Julia***
In Verona leben zwei alte Geschlechter, die Montagues und Capulets, beide gleich hervorragend, gleich beliebt bei Fürst und Volk, gleich reich an Besitz und Ansehen. Aber zwischen ihnen besteht seit Alters her ein wechselseitiger Groll, der schnell zu wildem Hass werden kann. Der Fürst hat den sich immer erneuernden Streit der Familien bisher stets niederzuschlagen gewusst, so dass sich auch jetzt beide Parteien seit längerer Zeit ruhig verhalten und einander sogar freundlich begegnen. Romeo aus dem Hause der Montagues ist hoffnungslos in Rosalinde verliebt. Verzweifelt will er seine Vaterstadt verlassen. Seine Familie und Freunde sind besorgt um ihn. Ein Freund rät ihm, sich von seinem Leiden abzulenken. Romeo besucht ein Fest der Capulets. Trotz der Feindschaft wird er dort wegen seiner Jugend und Schönheit geduldet. Als er Julia erblickt, ist seine alte Liebe vergessen. Mercutio, wegen seiner Redekunst bei den Frauen beliebt, hat Julias Hand in seiner eiskalten Hand gehalten. Ihre ersten Worte zu Romeo, der vor Bewunderung	**1. In Shakespeares Werk sind die vorgegebenen Personen und Handlungsmotive vertieft und dramatisch bereichert worden.** **2. In den fünf Akten hat das Geschehen einen eigenen Rhythmus und klare Spannungsbögen bekommen.** **3. Die Handlung, die bei Brooke mehr als neun Monate umfasst, ist in der Tragödie auf knapp fünf Tage zusammengedrängt. Tempo und Spannung sind nun Bestandteil der psychologischen Situation.** **4. Während bei Brooke die Liebenden einige Wochen zusammen sind, gibt Shakespeare ihnen nur eine gemeinsame Nacht.** **5. Die Charakterisierung der Personen wird durch zahlrei-**

wie erstarrt ist, gelten seiner wohl tuenden Wärme. Auch Julia ist von Romeos Schönheit fasziniert. Beide gestehen sich ihre Zuneigung, erfahren jedoch bald zu ihrer Bestürzung, dass sie verfeindeten Familien angehören. Mit Hoffen und Bangen sehen sie ihrer Zukunft entgegen und hoffen, dass ihre Liebe ein Mittel zur Versöhnung werden kann. Nachdem sie sich am nächsten Tag erneut ihrer Liebe und Ernsthaftigkeit versichern, will Romeo gleich morgen den Beistand des Pater Lorenzo suchen. Dieser weise Mönch besitzt das Vertrauen beider Familien und des Romeo. Pater Lorenzo ist besorgt, doch er wird von Romeo umgestimmt mit dem Friedensgedanken. Julia hat die Amme eingeweiht und erfährt ihre Unterstützung. Nach der heimlichen Verehelichung begibt sich Romeo mit einer Strickleiter zu seiner jungen Frau. Mehrere Monate vergehen für die Liebenden in Liebe und Bangen. Am Morgen nach Ostern tritt Tybalt, ein Capulet, mit einer Schar Bewaffneter den Anhängern der Montagues entgegen. Es kommt zu einem heftigen Kampf. Romeo versucht vergeblich zu schlichten. Er wird von Tybalt provoziert und tötet ihn. Der Prinz erscheint. Die

che sprachliche, emotionale und situative Kontraste komplexer.

6. Der italienische Charakter der Handlung wird verstärkt durch Elemente, die zugleich der Dramatik dienen: Masken, Karneval, Plätze, Mauern. Balkon, Garten etc.

7. Auch die alte Fehde zwischen beiden Familien ist in Shakespeares Tragödie intensiviert. Schon in den ersten Szenen ist der Streit Hauptthema zwischen Gruppen und Einzelpersonen. So wird die erste Begegnung von Romeo und Julia umso eindringlicher und bewegender.

8. Tybalts Charakter ist weiter ins Zentrum gerückt und komplexer geworden. Er verkörpert das negative Erbe in Verbindung mit jugendlicher Aggressivität. Er ist von Beginn an der gefährliche Gegenspieler, dessen Rachsucht schon

Capulets fordern die Strenge des Gesetzes gegen den geflohenen Romeo. Julia ist verzweifelt. Die Amme sucht Hilfe bei dem Pater, der gerade seinen Schützling Romeo bei sich versteckt hält. Romeo fleht den Pater an, seine Liebste noch einmal sehen zu können. Schließlich willigt dieser ein. Die gemeinsame Nacht wird eine Begegnung der Trauer und Klage. Julia will Romeo in Männerkleidern begleiten, doch Romeo befürchtet Entdeckung und Verfolgung. Julias besorgte Mutter will ihre Tochter mit dem Grafen Paris verheiraten. Doch Julia beteuert, nicht heiraten zu wollen. Die Eltern sind erzürnt über ihren Ungehorsam. Julia ist verzweifelt und sucht wieder den Rat des Paters, der ihr schließlich einen Schlaftrunk empfiehlt, durch den sie wie tot erscheinen und erst später in der Familiengruft wieder erwachen wird. Mit Freuden greift Julia diesen Vorschlag auf, heuchelt den Eltern gegenüber Gehorsam und nimmt den Trank des Mönches. Die Amme findet Julia wie tot liegen, und ihr Klagen weckt das ganze Haus. Pater Lorenzo hat eine Nachricht an Romeo geschickt, um ihn in seinen Plan einzuweihen. Wegen einer Seuche erreichte der Bote ihn je-

Romeos und Julias erste Begegnung bedroht. Seine feindselige Härte deutet die ausweglose Situation der Liebenden an, die sich des Tabubruches wohl bewusst sind und ihre Liebe umso intensiver erleben.

9. In der Tragödie ist Julia deutlich jünger, womit Shakespeare die Natürlichkeit ihrer Empfindungen und ihre erstaunliche Entwicklung von kindlicher Unschuld zu menschlicher Reife unterstreicht. So gewinnt sie die tiefe Sympathie der Zuschauer und entlarvt indirekt die Gefühlskälte der Erwachsenen.

doch nicht. Stattdessen erfährt Romeo von dem vermeintlichen Tod Julias. Er will das Schicksal seiner Frau teilen und lässt sich das stärkste Gift eines Apothekers geben. Schon in der folgenden Nacht trifft er an der Gruft der Capulets ein, öffnet sie mit Hilfe seines Dieners und schickt diesen mit einem Brief fort. Er beteuert erneut seine Liebe, versöhnt sich mit dem toten Tybalt und nimmt das Gift. Mit Schrecken entdeckt Lorenzo die geöffnete Gruft und darin den toten Romeo. Als Julia erwacht, will er sie retten, doch sie ergreift Romeos Dolch und tötet sich. Die Wächter der Kirche eilen jetzt herbei. Lorenzo und Romeos Diener werden vor den Fürsten gebracht, der auf offenem Platz Gericht hält. Die Aussagen des Mönches finden Bestätigung in dem Brief des Romeo. Der Mönch und der Diener werden begnadigt, die Amme wird verbannt und der Apotheker zum Tode verurteilt. Die feindlichen Väter versöhnen sich und errichten ein Denkmal.

10. In früheren Versionen von Luigi da Porto und Bandello erleben und beklagen die Liebenden ihr gemeinsames Ende. Julia wacht aus ihrem todesähnlichen Schlaf auf, bevor das Gift in Romeo wirkt. Spätere Versionen von Shakespeares Werk verändern vor allem das Ende[29].

11. Während bei Brooke das tragische Ende des Paares als Strafe des Himmels für Ungehorsam und Leidenschaft gezeigt wird, dramatisiert Shakespeare gerade die vergeblichen Bemühungen um Rettung, die Tragik des unverdienten grausamen Schicksals, das durch eine Verkettung unglücklicher Zufälle zur Tragödie führt. Die Wandlung der Väter lässt hoffen, dass Verona nun eine bessere Stadt werden wird.

29 Vgl. Kapitel 4

2.2 Inhaltsangabe[30]

Prolog In Form eines Sonetts sagt der Chor die tragische Liebesgeschichte von zwei Jugendlichen aus Verona voraus, deren Tod erst die lange Feindschaft der beiden Familien beendet.
„Aus beider Feinde unheilvollem Schoß entspringt ein Liebespaar, unsternbedroht ..."

I, 1 Zwei Diener der Familie Capulet in Verona, Sampson und Gregory, rüpelige Spaßmacher und Raufbolde, treten bewaffnet auf und provozieren Angehörige des Hauses Montague, bis es zum Streit kommt. Benvolio, ein Montague, will sie trennen, Doch nun erscheint der cholerische Tybalt, der sofort das Schwert gegen die Angehörigen des Hauses Montague zieht. Der Streit weitet sich aus. Bürger empören sich gegen die ständigen Störungen. Schließlich erscheinen die Herren Capulet und Montague selbst. Sie ereifern sich gegeneinander, doch ihre Frauen halten sie von weiterem Streit zurück. Der Prinz tritt auf und fordert beide „rebellischen Feinde des Friedens" zum endgültigen Waffenverzicht auf. Er droht mit schwerer Strafe bei weiterer Verletzung des Friedens.Die Montagues sind besorgt um ihren Sohn Romeo, der seit einiger Zeit traurig und unzugänglich ist. Seinem Freund Benvolio klagt Romeo seine hoffnungslose Liebe zu der schönen, aber kalten Rosaline.
Prinz: „Aufrührerische Vasallen! Friedensfeinde! ... Bei Todesstrafe, sag ich, alle fort." S. 7 f.

30 Textgrundlage: *Romeo und Julia* in der Übersetzung von A. W. Schlegel (Reclams RUB 5). Die ausgewählten Schlüsselsätze am Ende der Szenenzusammenfassung weisen auf den Fortlauf der Handlung hin.

I, 2	Capulet findet den Heiratsantrag des Grafen Paris um Julia verfrüht. Bei seinem abendlichen Fest soll sie sich erst selbst ein Bild von ihm machen. Capulet schickt seinen Diener mit einem Einladungsschreiben für seine Gäste fort. Dieser trifft auf Romeo und Benvolio und bittet sie, ihm den Wortlaut vorzulesen. So erfährt Romeo, dass auch Rosaline, eine Capulet, eingeladen wird. Benvolio drängt Romeo, zum Fest zu gehen, um durch Vergleich mit anderen Schönen von seiner Fixierung auf Rosaline loszukommen. **Capulet: „Mein Kind (Julia) ist noch ein Fremdling in der Welt, sie hat kaum vierzehn Jahre wechseln sehen." S. 12**
I, 3	Gräfin Capulet möchte Julia verheiraten und versucht zunächst, die Amme dafür zu gewinnen. Sie ist gereizt, als diese sich in farbigen Erinnerungen über Julias Kindheit verliert und sich über den Grafen Paris lustig macht. Julia verspricht, dem Wunsch der Mutter gemäß, den Grafen beim Fest als Freier zu betrachten. **Gräfin Capulet: „Die Hochzeit, ja! das ist der Punkt, von dem ich sprechen wollte —" S. 17**
I, 4	Die Freunde Romeos, Benvolio und Mercutio, kommen mit Masken und Fackeln zum Haus der Capulets. Romeo ist schwermütig. Mercutio fasziniert die Freunde mit seiner Traumgeschichte von der unheilvollen Königin Mab. Er und Romeo erge-

	hen sich in Todesahnungen. Benvolio mahnt zu einer hoffnungsvolleren Stimmung. **Romeo: „..mein Herz erbangt und ahnet ein Verhängnis." S. 21**
I, 5	Die Szene beginnt mit einem burlesken Auftakt der Diener im Einsatz für das Fest. Capulet begrüßt heiter die Gäste und fordert zum Tanzen auf. Romeo erblickt Julia und ist sofort ergriffen von ihrer Schönheit. Er erfährt, dass sie die Tochter des Hauses ist, eine Capulet. Tybalt erkennt Romeos Stimme und will ihn bestrafen. Doch Capulet verbietet ihm den Streit. Romeo spricht Julia voll ehrfürchtiger Bewunderung an. Sie antwortet bewegt und ebenfalls von Liebe ergriffen. Auf die erste Berührung und den ersten Kuss folgt ein Austausch von Liebesworten und ein weiterer Kuss. Am Ende des Festes erfährt Julia entsetzt, dass sie die Liebeserklärung eines Montague angenommen und erwidert hat. **Julia: „...ich fühle mich getrieben, den ärgsten Feind aufs Zärtlichste zu lieben. – " S. 26**
Prolog	Der Chor beschwört die Stärke der neuen gegenseitigen Liebe. **„Romeo liebt und wird geliebt. –"**
II, 1	Romeo nutzt das Dunkel der Nacht, um allein zu sein. Seine Freunde und Begleiter scherzen über sein Verschwinden, ohne etwas von seiner neuen Liebe zu ahnen. **Romeo: „Kann ich von hinnen, da mein Herz hier bleibt?" S. 28**

II, 2 Romeo ist über die Mauer in den Garten der Capulets gesprungen. Er hört Julia am Fenster in die Dunkelheit der Nacht hinein seinen Namen sagen und ihre Liebe erklären. Er gibt sich zu erkennen und drückt seine Liebe in bewegten Liebesschwüren aus. Besorgt und sicher zugleich fordert Julia ihn auf, einen Weg zur baldigen Heirat zu finden. Beide sind wie gebannt voneinander und können sich kaum lösen.Julia möchte ihn festhalten und zugleich fortschicken.
Julia: „So grenzenlos ist meine Huld, die Liebe, so tief ja wie das Meer. Je mehr ich gebe, je mehr auch hab ich: Beides ist unendlich. –" S. 33

II, 3 Romeo bittet Bruder Lorenzo um Hilfe. Dieser glaubt, er sei noch unglücklich verliebt in Rosaline. Daher hört er mit Skepsis Romeos Liebesbeteuerungen für Julia. Doch Romeo gewinnt schließlich seine Zustimmung, weil Lorenzo durch eine eheliche Verbindung beider Häuser Frieden schaffen möchte.
Bruder L.: „Zwei Feinde lagern so im menschlichen Gemüte sich, immerdar im Kampf, verderbter Will' und Güte. –" S. 36

II, 4 Tybalt hat der Familie Montague wegen Romeos Eindringen auf dem Fest den Krieg erklärt. Auf der Straße vertreiben sich die Jugendlichen die Zeit. Romeo und Mercutio scherzen und ‚blödeln' um die Wette. Die Amme kommt mit einem Diener,

	um Romeo an sein Eheversprechen zu erinnern. Sie muss sich der Zudringlichkeiten der Jugendlichen erwehren, aber Romeo nutzt die Gelegenheit, um ihr eine Botschaft an Julia mitzugeben. Die Amme ist von ihm begeistert. **Romeo: „Dort in Lorenzos Zelle soll allsdann, wenn sie gebeichtet, unsre Trauung sein. –" S. 41**
II, 5	Julia erwartet ungeduldig die Rückkehr und den Bericht der Amme. Diese hält sie trickreich hin, um sie zu testen. Endlich erfährt Julia, dass sie sich am Nachmittag in der Zelle des Bruders Lorenzo einfinden soll. Sie wird ihre Abwesenheit als Beichtgang erklären. **Amme: „... ich muss sonst wohin, die Leiter holen, die der Liebste bald zum Nest hinan, wenn's Nacht wird, klimmen soll." S. 45**
II, 6	Romeo ist freudig erregt. Julia tritt ernst und entschlossen auf. Der Bruder ist beunruhigt und dennoch bereit, beide zum Ehepaar zu machen. **Bruder L.: „Kommt, kommt mit mir! wir schreiten gleich zur Sache. Ich leide nicht, dass ihr allein mir bleibt, bis euch die Kirch einander einverleibt." S. 46**
III, 1	Auf der Straße treffen Romeos Freunde und Tybalt aufeinander. Während Tybalt einen Anlass zum Kampf sucht, versucht Benvolio, Frieden zu halten. Romeo erscheint und geht mit versöhnlichen

	Worten auf Tybalt zu. Er ist bemüht, das drohende Duell zwischen Tybalt und Mercutio zu verhindern. Dabei gelingt es Tybalt, Mercutio unter Romeos erhobenem Arm tödlich zu verwunden. Benvolio bringt den Sterbenden fort, der in seinen letzten Augenblicken die beiden feindlichen Familien verflucht. Romeo ist tief erschüttert und reuevoll. Als Tybalt erneut auftritt, greift Romeo zur Waffe, um seinen Freund zu rächen. Er tötet Tybalt. Benvolio weiß, dass dies Romeos Todesurteil bedeutet und drängt ihn daher zur Flucht. Als der Prinz am Ort des Geschehens erscheint, sagt Benvolio für seinen Freund und gegen die Anklage der Capulets aus. Er verhindert dadurch das Todesurteil. Der Prinz verbannt Romeo nach Mantua. Sollte er im Stadtgebiet angetroffen werden, ist er des Todes. **Mercutio: „Oh hilf mir in ein Haus hinein, Benvolio, sonst sink ich hin. – Zum Teufel eure Häuser!" S. 50**
III, 2	Julia wartet ungeduldig auf Romeo. Als die Amme jammernd auftritt und einen Toten beklagt, glaubt sie zunächst, es sei Romeo. Tybalts Tod und Romeos Verbannung zerstören ihre Hoffnungen und ihr Glück. **Julia: „Verbannt ist Romeo! Nicht Maß noch Ziel kennt dieses Wortes Tod." S. 56**

III, 3	Romeo sucht verzweifelt den Rat von Bruder Lorenzo. Dieser tröstet und ermahnt ihn, nicht an Selbstmord zu denken, sondern Geduld zu haben. Er ist bereit, den beiden Liebenden eine Chance für eine gemeinsame Nacht in Verona zu geben. **Amme: „Hier ist ein Ring, den sie für Euch mir gab, eilt Euch, macht fort. sonst wird es gar zu spät." S. 62**
III, 4	Die Capulets betreiben nun entschlossen Julias Verehelichung mit dem Grafen Paris. Gegen Julias Widerstand plant Capulet, in wenigen Tagen diese Verbindung besiegeln zu lassen. Zunächst schickt er seine Frau vor. **Capulet: „Sag ihr: am Donnerstag wird sie vermählt mit diesem edlen Grafen." S. 63**
III, 5	Das Ende der Liebesnacht von Romeo und Julia bedeutet die Trennung. Julia ist erst bereit, ihn fortzuschicken, als ihr die Folgen einer Entdeckung klar werden. Romeo verlässt sie schließlich wieder über die Strickleiter. Kurz darauf tritt Julias Mutter ein, die ihre Tochter in Tränen aufgelöst findet und glaubt, dass sie den Tod ihres Cousins beweint. Julia beteuert, auf keinen Fall heiraten zu wollen. Vater Capulet ist empört über ihren Ungehorsam und behandelt sie grob. Beide Eltern setzen sie unter Druck. Nur die Amme versteht sie und versucht, das Unvermeidliche erträglich darzustellen. **Gräfin Capulet: „Sprich nicht zu mir, ich sage nicht ein Wort. Tu was du willst, du gehst mich nichts mehr an." S. 69**

IV, 1	Der Graf braucht den Rat Bruder Lorenzos, um Julia für sich zu gewinnen. Julia tritt selbst auf und erklärt, dass sie beichten müsse. Sie wehrt die Liebeserklärungen des Paris kühl ab. Bruder Lorenzo kann ihr als einzige Möglichkeit, der Hochzeit zu entgehen, nur eine gefährliche List vorschlagen: Sie müsse ein schweres Schlafmittel einnehmen, das über viele Stunden einen todesähnlichen Schlaf bewirke. Wenn sie dann in der Gruft der Familie vor der Stadt aufgebahrt werde, könne Romeo sie dort finden. Beide könnten so zusammen kommen. Julia ist erschrocken und entschlossen zugleich. **Bruder L.: „Nimm, geh mit Gott. Halt fest an dem Entschluss. Ich send indes mit Briefen einen Bruder in Eil' nach Mantua zu deinem Treuen." S. 74**
IV, 2	Im Haus der Capulets werden Vorbereitungen für die baldige Hochzeit getroffen. Capulet erwartet Unterstützung durch Julias Begegnung mit dem Bruder. Er ist zuversichtlich und erfreut, als Julia ihren Gehorsam gegenüber den Eltern beteuert. Spontan entscheidet er, die Hochzeit um einen Tag vorzuverlegen. Damit durchkreuzt er unwissentlich den Plan des Bruder Lorenzo. **Capulet: „Schickt nach dem Grafen, geht und sagt ihm dies: Gleich morgen Früh will ich dies Band geknüpft sehn." S. 75**
IV, 3	Julia schickt auch die Amme weg und bleibt allein mit dem Schlafmittel, erfüllt von Angst und Schrecken vor dem Unbekannten und der unwägbaren

	Gefahr. Sie sieht das Risiko des Todes als einzigen Weg zu Romeo. Sie trinkt ihm mit dem Mittel zu. **Julia: „Mein düstres Spiel muss ich allein vollenden. Komm du, mein Kelch." S. 77**
IV, 4	Es ist 3 Uhr nachts.Vater Capulet ist nicht zu Bett gegangen, da er die Vorbereitungen überwachen möchte. Seine Frau neckt ihn. **Capulet: „Weckt Julien auf! Geht, putzt mir sie heraus." S. 79**
IV, 5	Die Amme will Julia wecken und findet sie wie tot vor. Ihre Schreie dringen zu den Eltern. Diese beweinen ihre Tochter und beklagen ihr Unglück. Auch der Graf spricht eine Totenklage. Bruder Lorenzo beruhigt und tröstet die Trauernden. Die Musiker kommentieren das Unglück der Liebe. **Bruder Lorenzo: „Macht Euch alle fertig, der schönen Leiche hin zur Gruft zu folgen." S. 82**
V, 1	Romeo ist trotz eines prophetischen Traumes voll zuversichtlicher Erwartung. Doch sein Diener Balthasar berichtet, dass er Julia aufgebahrt gesehen habe. Romeo will auf jeden Fall bei ihr sein, auch im Tod. Er eilt zu einem armen Apotheker und nötigt ihn mit viel Geld, ihm ein schweres Gift zu überlassen. **Balthasar: „Ich sah sie senken in der Väter Gruft und ritt in Eil' hierher, es Euch zu melden. O Herr, verzeiht die schlimme Botschaft mir." S. 84**

V, 2	Bruder Lorenzo erfährt von dem Bruder, der Romeo informieren sollte, dass er durch die Pest in der Stadt aufgehalten wurde und die Botschaft nicht überbringen konnte. Nun eilt er in großer Angst zur Gruft, um Julia nach ihrem Erwachen in seiner Zelle zu verstecken. **Bruder L.: „Ich muss allein zur Gruft nun. Innerhalb drei Stunden wird das schöne Kind erwachen." S. 87**
V, 3	Graf Paris erscheint mit seinem Pagen und begibt sich allein in die Gruft der Capulets. Kurz darauf kommen Romeo und Balthasar. Romeo übergibt ihm einen Brief an seinen Vater und schickt ihn fort. Doch Balthasar versteckt sich, um seinem Herrn nahe zu sein. Paris sieht Romeo in der Gruft und greift ihn an. Obwohl Romeo ihm versöhnlich antwortet, meint Paris, Julia rächen zu müssen, die aus Trauer über Tybalts Tod gestorben sei. Gegen seine Überzeugung ergreift Romeo die Waffe, sie kämpfen, und Romeo tötet Paris. Dessen letzter Wunsch ist es, neben Julia beigesetzt zu werden. Als Romeo Julias Gruft öffnet und sie leblos, aber wie im Leben schön erblickt, nimmt er Abschied von ihr, den anderen Toten und von einem unglücklichen Leben und trinkt das Gift. Bruder Lorenzo erscheint voller Angst und findet zwei Tote in der Gruft. Als Julia erwacht, will der Bruder sie eilig fortbringen. Julia aber erblickt den toten Romeo. Verzweifelt versucht sie, ihn ins Leben zurückzurufen oder sich mit seinem Gift zu töten.

Da die Ampulle leer ist, ergreift sie Romeos Dolch und ersticht sich. Die Wache erscheint und ergreift Lorenzo und Romeos Diener. Das Unglück verbreitet sich wie ein Lauffeuer. Die Väter und der Prinz eilen hinzu. Bruder Lorenzo und die beiden Diener bezeugen gegenüber dem Prinzen den Hergang der tragischen Ereignisse. Dieser spricht erschüttert die dritte Mahnung zum Frieden. Angesichts ihrer toten Kinder haben sich die beiden Väter versöhnt. Montague wird Julia eine goldene Statue widmen. Der Prinz hat das letzte Wort.

Prinz Escalus: „Denn niemals gab es ein so herbes Los als Juliens und ihres Romeos." S. 97

2.3 Aufbau

Die Komposition

Das Werk besteht aus fünf Akten (Aufzügen) mit insgesamt 24 Szenen. Die beiden ersten Akte werden durch einen Sonett-Prolog eröffnet.
Wie andere Shakespeare-Stücken baut auch *Romeo und Julia* auf einer langen Vorgeschichte auf. Die dargestellte Handlung ist jedoch charakterisiert durch die schnelle Folge (Akzeleration) der Aktionen und Reaktionen. Das hohe Tempo entspricht dem äußeren Druck und der emotionalen Intensität.

Die Handlungszeit

Die Handlung verläuft innerhalb von nur fünf Tagen, von **Sonntag** Morgen bis **Freitag** Morgen, und gliedert sich auf wie folgt:
Sonntag: Streit und Müßiggang der jungen Leute, das Fest der Capulets, die erste Begegnung von Romeo und Julia, ihr Liebesgelöbnis nach dem Fest.
Montag: Vorbereitungen der heimlichen Trauung, Tod Tybalts und Mercutios im Duell, Trennung der Liebenden durch den Bannspruch, heimliche Liebesnacht von Romeo und Julia, Dringen der Eltern Capulet auf umgehende Verheiratung Julias mit Paris.
Dienstag: Bruder Lorenzos Hilfe für Julia, ihre scheinbare Einwilligung in die Heirat, Capulets spontane Entscheidung für eine Vorverlegung der Trauung um einen Tag, Julias Einnahme des von Bruder Lorenzo überlassenen Schlafmittels schon in dieser Nacht.
Mittwoch: Entdeckung der scheinbar toten Julia, Klage der Familie und des Paris, öffentliche Trauer und Aufbahrung von Julia in der Gruft.

Donnerstag: Romeos Entschluss zum sofortigen Aufbruch und zum baldigen Selbstmord bei Julia, nächtliche Begegnung mit Paris im Dunkel der Gruft, Tod von Paris und Romeo, Julias Erwachen nach ungefähr 42 Stunden tiefer Bewusstlosigkeit, ihr Selbstmord.
Freitag: Früh am Morgen Auftritt des Prinzen, der Eltern Capulet und des Montague, Richterspruch und Versöhnung.

Der Handlungsort

Der Ort der Handlung wechselt zwischen Außen- und Innenräumen in Verona. Hinzu kommen Außenräume in Mantua und außerhalb Veronas. Die Entwicklung der Tragödie zeigt sich in dem Wechsel von Verona nach Mantua und von dem Haus der Capulets zu der Gruft der Familie. 16 der 24 Szenen spielen in Innenräumen. In der zweiten Hälfte überwiegen die Innenräume. Der Gegensatz zwischen außen und innen entspricht der emotionalen Struktur.

Die steigende Handlung wird bis zum Ende des dritten Aufzuges durch die Liebe motiviert und geleitet. Die fallende Handlung in den beiden folgenden Aufzügen bis zu den Selbstmorden in der Gruft folgt der Bereitschaft zum Tod.

Aufbau und Struktur der fünf Akte (Aufzüge)

Erster Prolog und erster Akt

Der Sonett-Prolog fasst die Leitmotive zusammen: Die Familienfehde, die vom Unstern bedrohte Liebe, das Ende der Feindschaft.[31]

31 Der Prolog findet sich weder in der „schlechten" Quarto Q 1 (1597) noch in der Folioausgabe F (1623). Er richtet sich an ein erwartungsvolles Pubolikum, dessen Aufmerksamkeit und Geduld gewünscht werden.

Höhepunkt

Die fünfte Szene ist der **Höhepunkt** des ersten Aktes, der wie eine Farce beginnt und mit großen Emotionen schließt. Die äußere Realität, durch ihre Namen symbolisiert, schafft am Ende eine Spannung und damit den Übergang zum Konflikt des zweiten Aktes.

I. Akt	**1. Szene**	**2. Szene**	**3. Szene**	**4. Szene**	**5. Szene**
Ort:	Straße in Verona	Öffentlicher Raum	Innenraum Haus der C.	Draußen vor C.' Haus	In C's Haus
Zeit:	Morgen	später am Tag	derselbe Tag	Abend	Abend
Personen:	**Männer**	**Männer**	**Frauen**	**Romeo und Freunde**	**Diener, Capulets Gäste**
Motive:	Streit, Drohung des Prinzen. Romeos Melancholie	Heiratsbegehren von Paris, Einladung, Melancholie und Komik	Julia im Blickpunkt, zwischen Kindheit und Heirat	Masken, Licht und Dunkel, Melancholie und Komik, Vorahnungen	Prosa und Lyrik, Offenbarung der Liebe

Der zweite Prolog und der zweite Akt

Der zweite Sonett-Prolog unterstreicht das Leitmotiv der Liebe in einer feindseligen Umwelt.
Er versichert, dass die Leidenschaft der neuen Liebe Grenzen überwindet. Damit richtet sich das Interesse auf diesen individuellen Konflikt.[32] Der zweite Akt bekräftigt in schnell aufeinander folgenden Begegnungen Romeos und Julias Liebe. Die Trauung beschließt den Akt. Damit ist der zweite Akt

32 Auch dieser Prolog ist wahrscheinlich nicht original. Es wird vermutet, das er im 18. Jh. als kommentierender Schlusschor des 1. Aufzuges entstand.

emotional relativ homogen, heiter und optimistisch. Er führt auf die Erfüllung ihrer Liebe hin. Ihre Offenheit miteinander steht im Gegensatz zu ihrer Heimlichkeit vor ihrer eigenen Familie und der Außenwelt. Die Fehde hat auch eine innerfamiliäre Entfremdung erzeugt, die nun akut wird.

II. Akt	1. Szene	2. Szene	3. Szene	4. Szene	5. Szene	6. Szene
Ort:	Nahe C.'s Haus	Balkon und Garten	Klosterzelle	Straße	Garten d. Capulets	Klosterzelle
Zeit:	Nacht	gleichzeitig, Nacht	früher Morgen	wenig später danach	Mittag	Nachmittag
Personen:	**Romeo, Freunde**	**Julia, Romeo**	**Bruder L, Romeo**	**Freunde, Romeo, Amme**	**Julia, Amme**	**Lorenzo, Julia, Romeo**
Motive:	Romeos erneuter Rückzug aus Liebe, Scherze der Freunde	gegenseitige Liebesbekenntnisse, Versicherungen, Wunder	Mahnung, Erwartung von Hilfe, Hoffnung auf Frieden	Spott über Liebe und Duell, Heimlichkeit	Ungeduld Sehnsucht Ernst und Komik, Heiratstermin	Romeos und Julias Eheschließung

Der dritte Akt

Der dritte Aufzug variiert den ersten Aufzug. Jetzt verhält sich Romeo jedoch nicht mehr gleichgültig gegenüber den Streitsuchenden, sondern er drängt auf Frieden, ähnlich wie Benvolio zu Beginn. Aber es misslingt ihm, weil er sich nicht deutlich erklärt. Hier setzt als Ironie das Vorwissen der Zuschauer ein. **Der Tod Mercutios und Tybalts und die folgende Verbannung Romeos aus der Stadt stellen einen neuen Höhepunkt der Familienfehde dar und sind Beginn der folgenden tragischen Handlung. In der letzten**

Szene des dritten Aufzuges erlebt die Liebe mit der ersten und einzigen gemeinsamen Nacht wieder einen Höhepunkt. Kurz danach wird Julia von ihren Eltern bedrängt, den Grafen zu heiraten. Die zentralen Elemente des Stückes, Liebe, Gewalt und Trennung, kommen in dieser Szene zusammen.

III. Akt	**1. Szene**	**2. Szene**	**3. Szene**	**4. Szene**	**5. Szene**
Ort:	Verona, öffentl. Platz	In C.'s Haus	Klosterzelle	C.'s Haus	Julias Zimmer
Zeit:	wenig später	Nachmittag	gleichzeitig	Montag, spät abends	früher Morgen am nächsten Tag
Personen:	**Jugendl., Bürger, Prinz**	**Julia, Amme**	**Lorenzo, Romeo, dann Amme**	**Capulet, Gräfin C., Paris**	**Julia, Romeo, Capulets, Amme**
Motive:	Kampf, Tod, Strafe d. Verbannung, Unglück	Warten, Bericht und Trauer, Konflikt der Gefühle	Verzweiflung, Trost, Rat, Ausweg	Drängen auf Heirat mit Paris am Donnerstag	trauriger Abschied d. Liebenden nach heimlicher Nacht, Drängen der Eltern auf Heirat mit Paris

Der vierte Akt

Auch im vierten Aufzug ist die letzte Szene der Höhepunkt von Handlung und Emotionen. Die Spannung entsteht aus der Vorbereitung der Hochzeit und Julias **Suche nach einem Ausweg.** Die parallel laufenden gegensätzlichen Absichten und Handlungen erhöhen die Dramatik und Ironie. Die Einnahme des Schlaftrunks in der 4. Szene antizipiert emotional und verbal die Gruft-Szene. Die Klagen um Julia in der folgenden Szene antizipieren die Trauer über den Tod der Jugendlichen.

IV. Akt	1. Szene	2. Szene	3. Szene	4. Szene	5. Szene
Ort:	Klosterzelle	In C.'s Haus	Julias Zimmer	Haus der C.s	Julias Zimmer
Zeit:	Dienstag Morgen	Dienstag Abend	kurz danach	danach, 3 Uhr nachts	der nächste Mittwoch Morgen
Personen:	**Lorenzo, Paris, Julia**	**Capulets, Julia**	**Gräfin Capulet, Julia**	**Amme, Capulets**	**Capulets, Amme, Paris**
Motive:	Bitten um Hilfe, Trost u. Schlaftrunk für Julia	Scheinfrieden, Hochzeitsvorbereitung	Allein mit dem Trank, Angst, Zweifel, Entschluss	Vorbereitung des Hochzeitsessens	Trauer und Klagen um ‚Tod' Julias, baldiges Begräbnis

Der fünfte Akt

Der letzte Akt enthält nur drei Szenen, die sich alle auf Romeo konzentrieren. Hoffnung und prophetischer Traum zeigen seine innere Spannung. Als er erfährt, dass Julia tot und in der Gruft aufgebahrt ist, eilt er dort hin, beschafft sich unterwegs Gift, dringt in die Gruft ein, trifft auf Paris, verteidigt sich und tötet Paris. **Verzweiflung ist das durchgehende Thema des letzten Aufzuges.** Diese findet ihren Höhepunkt in Romeos Selbstmord. Die vollkommene Übereinstimmung zeigt sich auch im Tod: Romeo folgt Julia, und Julia folgt Romeo. Wieder ist die letzte Szene der Höhepunkt, in dem alle Motive zusammentreffen: Liebe, Tod, Trauer, aber auch Reue und Umkehr.

Verzweiflung

V. Akt	1. Szene	2. Szene	3. Szene
Ort:	Straße in Mantua	Klosterzelle	Friedhof in Verona, Gruft der C.s
Zeit:	Donnerstag		
Personen:	**Romeo, Balthasar, Apotheker**	**Lorenzo, Bruder John**	**Paris, Romeo, Lorenzo, die Capulets, der Prinz**
Motive:	Absicht des Selbstmordes, Gift, Macht und Ohnmacht	Misslungene Entsendung, Lorenzos Sorge	Trauer um Julia, Kampf und nacheinander Tod von Paris, Romeo und Julia, Urteil und Versöhnung

2.4 Personenkonstellation und Charakteristiken

Die Familienfehde bildet die Vorgeschichte und bedingt die anfängliche Konstellation der gesellschaftlichen Gruppen (städtische Hierarchie, Familien, Freundschaften). Das fiktive Verona wird zum Schauplatz einer radikalen Wandlung, nicht durch Macht und Kampf, sondern durch Liebe und Hingabe.

Außen- und Innenraum

Die beiden zentralen Ebenen der Personenkonstellation, die gesellschaftlich gebundene und die leidenschaftlich erlebte, werden kontrastiert. Auf der äußeren Ebene, meist durch öffentliche Plätze und Straßen symbolisiert, herrschen Hierarchien, Gewalt und Disharmonie; Tempo und Lautstärke sind erhöht.

Auf der intimen, privaten Ebene werden Nähe, Verbundenheit und Liebe ausgedrückt. Romeo und Julia gehorchen nicht den Erwartungen von außen („other-directed"), sondern folgen ihrer inneren Stimme („inner-directed")[33]. Ihr Tempo ist Ausdruck der inneren Bewegung. Die reale Zeit wird dagegen als Druck und zunehmend als Bedrohung erlebt. Nicht nur die drei Begegnungen der Liebenden, auch ihre Monologe betonen die negative und schließlich verhängnisvolle Bedeutung der Zeit.

Der Kontrast zwischen beiden Ebenen wird erst durch den Tod überwunden.

33 Begriffe nach David Riesman, *The Lonely Crowd* (1950). Die Gesellschaft der Erwachsenen hier ist besser noch als „tradition-directed" zu charakterisieren (auch nach Riesmann).

Stärke und Schwäche der Hierarchien

Die Hierarchien können als Pyramiden dargestellt werden. Sie erinnern an die spätmittelalterlichen ‚Geschlechtertürme' der italienischen Städte, die Selbstbewusstsein und Konkurrenz der adligen Familien jener Zeit ausdrückten.

- An der Spitze der **Machtpyramide** steht Prinz Escalus, der Herrscher und Richter zugleich ist. Prestige und Macht des Prinzen hängen von der Unterordnung und dem Gehorsam der mächtigen Adelsfamilien ab. Daher inszeniert er sein dreimaliges Erscheinen, zu Beginn, in der Mitte und am Ende der Tragödie, wirkungsvoll und nachdrücklich. Er kann den Teufelskreis („vicious circle") von Provokation und Rache nicht außer Kraft setzen. Am Ende gewinnt auch er Weisheit und neue Autorität
- Die Spitze der **Generationenpyramide** wird von den Vätern Montague und Capulet dargestellt. Doch ihre machtvolle Position ist erschüttert, und die Jugendlichen entziehen sich ihrem Einfluss. Beide Väter werden durch den Selbstmord ihrer Kinder geläutert.
- **Die Alters- und die Geschlechterhierarchien** innerhalb der Familien und in der Gesellschaft entsprechen der sozialen Machthierarchie, aber sie werden zugleich in Frage gestellt. Mit Fantasie, Übermut und Gefühlen setzen sich die Jugendlichen über die scheinbare Überlegenheit der Erwachsenen hinweg. Die Frauen sind in allen Schichten gesellschaftlich den Männern untergeordnet, fügen sich ihnen aber nicht. Gräfin Capulet sieht auf ihren viel älteren Mann herab, und die Amme widersetzt sich ihrer Herrschaft, um Julia zu helfen.

- **Die Diener** sind Vertreter der unteren, abhängigen Klasse, die sich mit ihren Herren identifizieren und deren Konflikte burlesk und ironisch spiegeln. Mit Witz, Respektlosigkeit und Intelligenz schaffen sie sich jedoch ihren unentbehrlichen Platz auf der Bühne und im Leben ihrer Herren. Die Diener eröffnen das Stück und führen zu den Auftritten der Hauptpersonen hin. Romeos Diener Balthasar spielt eine wichtige Rolle im letzten Akt als Bote, Beobachter und Zeuge.
- Die Schwächen der hierarchischen Strukturen werden auch dadurch sichtbar, dass Personen mit überlegenem Wissen als Randfiguren der Gesellschaft auftreten, aber entscheidenden Einfluss auf die zentralen Personen, Romeo und Julia, haben:
- **Bruder Lorenzo, der** Franziskanermönch, vertritt die Kirche ‚von unten'. Er möchte die natürliche und göttliche Harmonie auch im menschlichen Leben verwirklicht sehen. Daher geht er auf Romeos Bitte der heimlichen Trauung ein und gibt Julia den Schlaftrunk. Während er am Anfang Harmonie, Ruhe und Weisheit ausstrahlt, wird er durch die Tragödie von Panik und Hilflosigkeit erfasst.
- **Der Apotheker** hat ebenfalls weder äußere Macht noch Geld. Ähnlich wie Lorenzo besitzt er geheime Kenntnisse der Arzneien und Gifte. Auch der Apotheker wird ungewollt zum Mittäter. Er gehört auch am Ende zu den Verlierern, den Bestraften („some shall be ... punished"[34]).

Kontraste und Parallelen innerhalb der Personenkonstellation

Die über Generationen tradierte Fehde verursacht viele Konfrontationen auch innerhalb der scheinbar harmonischen Gruppen (Familien, Freunde). Alle sind aktiv oder passiv von der Disharmonie und Gewalt betroffen. Kontraste

34 RUB 9005, V, 3, S. 157. In Shakespeares Vorlage wird der Apotheker gehängt.

und Parallelen unterstreichen die äußeren und inneren Spannungen in und zwischen beiden Familien. Durch eine Art Spiegelung wird die Ähnlichkeit der Gegner unterstrichen und die Versöhnung vorbereitet.

Charakteristiken

Capulet:
Er tritt im ersten, im dritten, im vierten und im fünften Aufzug auf, als alte, aber dominante Vaterfigur. Gräfin Capulet mokiert sich mehrfach über seine weit zurückliegende Vitalität (I, 1, u. a.). Er selbst sagt, dass sein letzter Tanz und Maskenball Jahrzehnte her seien (I, 5). Capulet wird explizit und implizit mit Elementen der Komödie und der Tragödie angelegt. Er ist widersprüchlich, vor allem in seinem Verhalten zu Julia: Einerseits jovialer, großzügiger Gastgeber (I, 2, I, 5), reagiert er andererseits unduldsam auf Widerspruch. Er erwartet Ruhe und Gehorsam in seinem eigenen Haus und lebt daher im ständigen Konflikt mit seiner wesentlich jünge-

Montague:
Er tritt nur in der ersten und in der letzten Szene auf und bleibt eine passive Hintergrundfigur. Seine Familie hat mit Romeo nur einen direkten Nachkommen. Die alte Feindschaft lebt auch in seiner Generation und in seiner spontanen Reaktion auf Capulet (I, 1) fort. Er wird von Capulet als ‚alter' Gegner herausgefordert und greift ihn seinerseits an (I, 1) Auf die Vorhaltungen und die Drohung des Prinzen reagiert Montague zwar betroffen, aber er unternimmt keine aktiven Schritte zur Beendigung der alten Feindschaft. In seiner Passivität und in Capulets Überreaktionen kann man Zeichen der Dekadenz sehen. Mit seiner unklaren Haltung bleibt Montague seinem ein-

ren Frau.: „O Ehestand! o Wehestand!" (IV, 4). Seine plötzliche Entscheidung, Julia möglichst schnell zu verheiraten, widerspricht seiner Haltung zu Beginn.[35] Sie hat jedoch einen konkreten Anlass: Tybalts Tod wirkt wie ein Schock auf die Familie. Er war Julias Cousin, der einzige männliche Nachkomme des Hauses C. Capulet hat die Frage der Nachfolge zu lange vernachlässigt und will jetzt in Eile Versäumtes nachholen. Daraus erklärt sich auch seine plötzliche Härte gegen Julia. Sie soll nun für das Weiterbestehen der Dynastie sorgen. Seine Erschütterung über den Verlust seiner einzigen Zukunftshoffnung lässt ihn das Friedensangebot an Montague machen und Trost in der Versöhnung finden.

zigen Sohn und Erben die notwendige Orientierung schuldig. Er wird zunächst vor allem als besorgter, aber ahnungsloser Vater gezeigt. Er und seine Frau erhoffen von Benvolio Aufklärung über Romeos Seelenzustand. Sie beklagen, dass ihr Sohn sich ihnen entziehe. Am Ende klagt Montague, dass sein Sohn ihm im Tod vorangegangen sei und damit den Lauf der Natur umgekehrt habe. Voller Verzweiflung über den Verlust klagt er diesen direkt an: „Ungeratner" (V, 3) Das Ende seiner Familie wird unterstrichen durch den Tod seiner Frau aus Gram über Romeos Verbannung. Auch Montague ist erschüttert angesichts des zweifachen Selbstmordes.

35 Schabert, S. 562, erklärt den Widerspruch in Capulets Verhalten mit dem Kontrast: komödienhafter erster Teil, tragischer zweiter Teil.

Gräfin Capulet:
Sie tritt im ersten, im dritten, im vierten und im letzten Aufzug auf und hat eine dominante Rolle. Sie ist extrovertiert, anmaßend und egozentrisch und trägt erheblich zur Verschärfung des Konfliktes bei. Zu Beginn ist sie als noch jugendliche Chefin des Hauses bestrebt, ihr Kind bald gut mit dem Grafen Paris zu verheiraten. Nach Tybalts Tod tritt sie als unversöhnliches Haupt der Familie auf und fordert Romeos Tod. (III, 1) Sie gibt Julia weder Geduld noch Liebe oder Verständnis, sondern wünscht ihr sogar den Tod (III, 5) Der Tod ihrer Tochter erinnert sie an ihr eigenes Ende (V, 3).

Gräfin Montague:
Sie tritt nur in der ersten Szene auf, als sie ihren Mann von der Auseinandersetzung mit Capulet zurückhält, und später, als sie Benvolio nach ihrem Sohn fragt. Alles deutet auf ihre Zurückhaltung und passive Rolle hin. Im Gegensatz zu der machtbewussten Gräfin Capulet ist Gräfin Montague introvertiert und ängstlich. Sie ist vor allem Romeos besorgte Mutter. Sie möchte ihn von den Kämpfen fernhalten. Sie kann als empfindsame und passiv leidende Person beschrieben werden. Ihr Tod aus Gram weist auf ihre unausgedrückte Ohnmacht, Verzweiflung und Trauer hin.

Tybalt:
Tybalt ist Julias Cousin, ein Capulet. Er tritt im ersten Aufzug in der ersten und der fünften Szene auf. Im dritten Aufzug führt sein Auftritt zu dem folgenschweren Konflikt, der auch ihm zum Ver-

Benvolio und Mercutio:
Benvolio, Romeo und Mercutio bilden ein Trio sehr unterschiedlicher Persönlichkeiten. Benvolio und Mercutio treten mehrfach im ersten Teil der Tragödie auf und beeinflussen Romeo gegensätz-

hängnis wird. Tybalt wird mehrfach explizit als wild und gefährlich bezeichnet. Seine indirekte Charakterisierung zeigt ihn ebenfalls als Verkörperung des Kampfes und der Rache. Er ist amoralischer und fanatischer Täter und zugleich Opfer seines Temperamentes und der Fehde. Jeder Auftritt Tybalts zeigt ihn herausfordernd, aggressiv, überheblich und unkontrollierbar. Selbst Capulet muss seine ganze Autorität aufbieten, um Tybalt während des Festes daran zu hindern, Romeo anzugreifen. Tybalt gibt jetzt noch nach, aber er kündigt Rache an: Er ergreift die nächste Gelegenheit und tötet an Stelle von Romeo dessen Freund (III, 1). Romeo rächt nun Mercutios Tod und die eigene Beleidigung im Haus der Capulets. Tatsächlich hat Tybalt Züge des Antagonisten, des „villain". Er ist Romeos feindseliger

lich. Benvolio gehört zu den Montagues. Er könnte Romeos Bruder sein, so vertraut wendet sich Lady Montague um Rat an ihn (I, 1). **Er wird schon durch seinen Namen als der „Gutwillige" charakterisiert.** Er versucht immer wieder, Unheil von Romeo abzuwenden, Kämpfe zu verhindern und Tybalt auszuweichen (I, 1, III, 1). Nach Romeos Rache an Tybalt schickt Benvolio seinen Freund zur Sicherheit fort. Er ist Romeos Anwalt vor dem Prinzen und tritt danach nicht mehr auf.[36] **Mercutio (von „mercurial" – schnell und launisch, „mercury" = Quecksilber) ist ein Verwandter des Prinzen.** Er ist geistreich, respektlos und ungeduldig. Wie Tybalt ist er ein ‚dunkler' Charakter und ein Hitzkopf.[37] Er scheint das Leben von der leichten Seite zu nehmen, verdeckt aber nur seine Ver-

36 Es kann vermutet werden, dass der Schauspieler des Benvolio eine andere Rolle anschließend übernahm.

37 Schabert, S. 562, betrachtet Mercutio als „leichtherzig" und „komödienhaft". Schabernack zu treiben ist jedoch nur die eine, äußerliche Seite seines Wesens.

Widersacher, sein dunkler Bruder. Mit dem Mord an Mercutio hat Tybalt die Feindschaft unter den Jugendlichen zu der entscheidenden Krise gebracht, an der Romeos Friedenswillen scheitert. Ihr Kampf und Tybalts Tod bringen Romeo zu Fall.

zweiflung: Schicksal und Natur sind stärker als menschlicher Wille, Liebe ist für ihn Illusion und Trieb (II, 1/ II, 4). Mercutio ist Romeos pessimistisches Alter Ego. Seine Visionen wecken auch Romeos Ängste (I, 4). Er ist der Mittelpunkt der Jugendszene. Sein provozierter Tod ist daher Schock und Auslöser der Tragödie (III, 1).

Paris:
Der Graf tritt mehrfach als hoffnungsvoller Bewerber um Julias Hand (I, 2, III, 4) auf. Auch er sucht Rat bei Bruder Lorenzo (IV, 1). In der letzten Szene will er als Julias unglücklicher Verehrer in der Gruft den unerkannten Eindringling strafen und wird von diesem, Romeo, getötet. Paris ist eine paradoxe Figur: Er wird explizit als besonnene Persönlichkeit und idealer Bewerber um Julia charakterisiert. Er ist ernsthaft und

Romeo:
Romeo hat die durchgehendste Bühnenpräsenz (nur abwesend in den Szenen I, 3, II, 5, III, 2, 4 und im vierten Akt) und wandelt sich vom unreifen Jugendlichen zum verantwortlichen Mann. Er wird eingeführt als introvertierter, melancholischer, dennoch beliebter Jugendlicher, der zwischen Depression und Verwegenheit, Zukunftsangst und Lebenslust schwankt. Er ist ein Charakter des „chiaroscuro", ein jüngerer Bruder

würdig, aber auch naiv, konventionell und unsensibel. Im Gegensatz zu Romeo geht er den vorgeschriebenen Weg der Brautwerbung, lässt sich jedoch auch von den Capulets manipulieren und von Julia hinhalten. Er ahnt nicht, dass er die Ehefrau eines anderen in der Gruft beweint, und er versteht Romeos Friedensappelle nicht. Er stirbt, ohne seine eigene Rolle in der tragischen Entwicklung erkannt zu haben. Daher wirken seine letzten Worte "O ich bin hin! – Hast du Erbarmen, öffne die Gruft und lege mich zu Julien." (V, 3) ungewollt deplaziert. Als Romeo ihn erkennt, ehrt er ihn mit den Worten: „Ein siegeprangend Grab soll dich empfangen. Ein Grab? Nein, eine Leucht', erschlag'ner Jüngling." (V, 3)

Hamlets. Er fühlt sich unter einem ungünstigen Stern und fordert dennoch das Schicksal heraus.[38] Romeo, der Pilger der Liebe (romeo = ital. der Pilger), sucht irdische Schönheit und überirdische Vollkommenheit. Nach seiner ersten schwärmerischen Liebe erfährt er eine neue Liebe, an der er innerlich reift und äußerlich zerbricht. Seine Schwärmerei für Rosaline ist selbstgefährdende Melancholie, „eine bleierne Seele, die ihn zu Boden drückt" (I, 4), sein Blick auf Julia aber erfüllt ihn mit Energie und Lebenslust. Er spricht Julia zwar auch noch mit religiösen Metaphern an, aber diese Konvention steigert noch den Zauber des ersten physischen Kontaktes. Auch der Dialog im Dunkel der Nacht enthält die Spannung zwischen idea-

38 *„Romeo courts his bad luck. He is a man of (to put it mildly) uncertain responsibility. What guides him? He scarcely knows..."* T. J. B. Spencer, Introduction to The New Penguin Shakespeare, London 1967, S. 22

Julia:

Julia tritt in allen fünf Aufzügen auf. Im ersten Aufzug (I, 2, 5) wird sie vor allem explizit charakterisiert. Sie ist noch keine 14 Jahre alt, schön und intelligent, wie die Amme schon früh erkannt hat. Während ihre Mutter und die Amme verschiedene Absichten haben, bleibt Julia stumm und unentschieden. Während des Festes aber ist sie ganz präsent und schnell erfasst von Romeos Liebesflamme. Sie ermutigt ihn sensibel und empathisch. Im Dunkel und in der Stille der Nacht löst sich ihr Empfinden in einem hymnischen Monolog, der von Romeo belauscht wird. Julia ist verstört von dem Paradox, dass sie ihren ‚Feind' liebt. Die Familienfehde entlarvt sie mit geschickter Argumentation als irrelevant für ihre Gefühle. Damit gewinnt sie eine ungewöhnliche Selbstsicherheit und Kraft. Sie testet und lenkt Romeos Denken und Fühlen geschickt und liebevoll. Der dritte Aufzug ist der

listischer Anbetung und physischem Begehren. Romeo ist ganz auf Julia ausgerichtet, die seine Person so intensiv spiegelt. Er hat jetzt seinen Leitstern gefunden, der ihm Grund und Ziel ist. Romeos Wandlung geschieht so plötzlich und heimlich, dass er missverstanden und schließlich sogar verflucht wird (III, 1). Obwohl er nun den verhängnisvollen Kreislauf zu überwinden sucht, ist er noch zu unbestimmt und wird ungewollt doch schuldig. In der Krise der zwei sich gegenseitig ausschließenden Bindungen (double bind) reagiert er wieder nach dem traditonellen Prinzip der Ehre. Die Strafe der Verbannung ist für ihn schlimmer als der Tod. Seine extremen Emotionen zwischen dem Glück der ersten gemeinsamen Nacht, der Verzweiflung über die Trennung, der Hoffnung auf Lösung und der überwältigenden Trauer über Julias vermeintlichen Tod sind eine schwere seelische Prüfung. Er zerbricht erste Höhepunkt ihrer inneren und äußeren Spannung: Die Belastungen des Doppelspiels, der Unsicherheit, der schlimmen Nachrichten und der elterlichen Erpressung meistert Julia trotz ihrer Ängste und Trauer mit Entschlossenheit und Intelligenz. In Szene III, 5 erlebt sie den Konflikt zwischen ihrer Liebe und der geforderten Anpassung an den Elternwillen. Die Härte beider Eltern verstärkt ihre Verzweiflung und Einsamkeit. Voller Angst und Zweifel, aber mit liebender Entschlossenheit nimmt sie Lorenzos Trank, der ihr den (Schein-)Tod bringen wird. Von ihrem langen Monolog in dieser Szene (IV, 3) bis zu ihrem Selbstmord in Einsamkeit und Verzweiflung (V, 3) wächst Julias Kraft, Romeo unter allen Umständen Begleiterin im Leben und im Tod zu sein. **Ihre Entwicklung von der folgsamen Tochter zur leidenschaftlichen und opferbereiten großen Liebenden ist vollzogen.**

nicht daran, aber sein Blick auf die Welt ist scharf und vernichtend geworden. Seine emphatische Ablehnung der Welt entspringt auch seinem inneren Abschied. Sorgfältig und entschlossen bereitet er seinen Tod vor. Ein weiteres Mal ist das Schicksal gegen ihn, als er in die Gruft eindringt und dort auf Paris trifft, den er in Notwehr tötet.

Romeo inszeniert und ritualisiert seinen Tod als Wiedergutmachung und Opfer: Er ehrt seine ehemaligen Gegner, Tybalt und Paris, die nun beide tot in der Gruft liegen. Er will das Leben hinter sich lassen, um Julias Todeseinsamkeit zu teilen und sie vor den dunklen Geistern zu schützen. Obwohl er den Tod als Vernichtung empfindet, gibt er sein Leben in vollem Bewusstsein und in Verantwortung für sich und für Julia hin.

Die Amme:
Die Amme ist das komisch-tragische Gegenbild zu der kalten Gräfin Capulet. Sie ist Witwe und hat ihr eigenes Kind vor langer Zeit verloren. Sie tritt in den ersten vier Aufzügen mehrfach als Vertraute von Julia und Vermittlerin bezüglich Romeos auf. Sie hilft den Liebenden tatkräftig und gewitzt. Sie erinnert damit an den literarischen Typus der Kupplerin. Sie betrachtet Sexualität als natürliches Vergnügen aller Menschen. Ihre freizügige Rede ist teils Auflehnung gegen die kalte Arroganz und teils Ausdruck ihrer humorvollen Vitalität. Trotz ihres Selbstbewusstseins ist sie jedoch abhängige Dienerin, was ihr auch die Jugendlichen, vor allem Mercutio, zeigen, wenn sie ihre groben Scherze mit ihr treiben (II, 4). Die Amme ist daher überzeugt, dass Frauen sich den gesellschaftlichen Bedingungen anpassen müssen. So rät

Bruder Lorenzo:
Bruder Lorenzo ist die Parallel-Gestalt zu der Amme. Er ist Romeos geistiger Vater und Vertrauter. Daher ist er im Vorder- und Hintergund der Handlung präsent. Er tritt in den Szenen II, 3, 5, IV, 1, V, 3 auf. Anders als die Amme lebt er allein in der Natur und meditiert über die Menschen und die Welt. Durch Romeo und Julia wird er in die Fehde involviert und verliert seine weise Ausgeglichenheit; er handelt inkonsequent: Er kritisiert Romeos Unbeständigkeit und bezweifelt die Ernsthaftigkeit seiner Liebe. Dennoch willigt er in die heimliche Trauung ein, um den Frieden zu ermöglichen. Romeos und Julias Verzweiflung kritisiert er als übertrieben und sündig, dennoch hilft er beiden (Akt IV). Er geht erhebliche Risiken ein in dem Bemühen, die beiden Liebenden zusammenzuführen. Umso verzweifelter ist er über das Scheitern

sie Julia zur Heirat mit Paris, obwohl sie selbst an der heimlichen Eheschließung beteiligt war. Sie ist mitverantwortlich und zugleich ohne Ahnungen der Todesnähe. Julias Tod zerstört auch ihr Leben.	seines Planes und Julias Selbstmord vor seinen Augen. Als Angeklagter vor dem Prinzen wird er nur durch Romeos Brief entlastet. Von dem Tod der Liebenden ist er tief gezeichnet.

2.5 Sachliche und sprachliche Erläuterungen

Word field drama: play, tragedy, melodrama, comedy, farce	*Romeo and Juliet* is a tragedy with elements of comedy and farce.
drama, dramatist, playwright, dramatic action, dramatisation	Shakespeare was a 16th century dramatist, a playwright who created powerful dramatic action.
a thesis drama, a drama of ideas, historical drama, a problem play	He wrote many historical plays: *Henry V, Julius Caesar* etc.
tragedy: revenge t., bourgeois t., domestic t., romantic t.	*R+J* is a romantic tragedy with domestic and public aspects
a tragedy deals with characters of high rank/status/position – with lower-class characters	Society in *R+J* is represented by the two families of high rank and by the servants. The nurse is also a lower-class character.
comedy: romantic c., sentimental c., satiric c., comedy of manners	*R+J* is partly a comedy. It is romantic and ironic.
a play is written in verse, in blank verse, in prose	*R+J* contains prose, blank verse and rhyme.
a play has a subject/theme/plot/action	The theme of *R+J* is love's triumph over hate. The plot is complex and tragic.

a play has acts, scenes, a prologue, an epilogue	There are two prologues, five acts with 24 scenes altogether.
a play has a structure: an exposition/a rising action/ a conflict/a climax/a crisis/a turning-point/a falling action/ a dénouement/a catastrophe/ a tragic ending/an open ending/unhappy ending.	The structure of *R+J* is clear and logical. The rising action concentrates on the love story. The family feud creates the conflict. The climax happens in III, 5. That is also the beginning of the falling action. Death brings the dénouement.
a play has a one-act construction (three-act c., five-act c.)	*R+J* has a five-act construction.
the dramatic dialogue: indicates the mood/the thought/the attitude of the character	The dramatic dialogue is characterized by changes in mood and tone: It is comic, ironic, serious, melancholic, enthusiastic or sad.
monologue/dialogue/ soliloquy/aside/	Juliet's and Romeo's monologues express their love.
stage directions give information about entrances, exits, setting, characters	There are few stage directions. They indicate entrances, exits, props.
the action refers to what happens in a play, the plot refers to the order in which the action happens	The action in *R+J* is very fast. The plot is about love and complications caused by the family feud.

a play has a conventional/serious/light/ complex/intricate/tight/single/double plot	The plot is intricate and complex. There is a public and a private side to it.
a play has unity of action/a unified action	*R+J* has a unity of action in chronological order.
there is prediction/foreshadowing/to foreshadow	The prologue is a prediction. Romeo and Mercutio foreshadow their own deaths (I, 4).
the action rises/evolves into/precipitates a conflict/	The action is precipitated by Juliet's parents. They prepare a fast wedding.
characters in the play are the „dramatis personae"	The „dramatis personae" of *R+J* contain more than 20 members.
they are types/stereotypes/flat/minor characters	The servants are minor characters. The prince is a flat character, the voice of authority.
they are round/complex/major/main/leading/principal characters	The major or principal characters are the most complex ones
a character is a hero/heroine/protagonist/antagonist/opponent/confidant,e	Tybalt is Romeo's antagonist. Juliet and Romeo are heroine and hero.
an event brings the hero's downfall/tragic fall/misfortune/	Misfortune means that the information of Juliet's faked death does not reach Romeo.

a flaw in the hero causes his ruin: pride, ambition, impatience etc.	At the beginning, and perhaps in the whole play, Romeo's flaw is his lack of realism.
a character plans/plots/ carries out an action/sets up an intrigue/	In contrast to other Shakespeare plays there is no evil plotting in *R+J*
Speech/language:	
blank verse	Blank verse is a five-foot, iambic, unrhymed verse.
alliteration/assonance	Example: Chorus: „**Now old desire doth in his deathbed** lie" (II)
mockery/irony/sarcasm	Mercutio: „Romeo! Humours! Madman! Passion! Lover!" (II, 1) etc.
hyperbole	Romeo: „O, she doth teach the torches to burn bright!..." (I, 5)
understatement	Romeo: „... my unworthiest hand..." (I, 5)
key-words	beauty/death/love/hate/light/ darkness etc.
rhetorical question	Juliet: „Romeo! – wherefore art thou Romeo?" (II, 2)

metaphor/image/symbol	„Love's light wings" (II, 2) „the lark and not the nightingale" (III, 5) etc.
simile	„thou art **as glorious** to this night (...) **as** is a winged messenger of heaven" (II, 2)
personification	„the inconstant moon" „blessed night" (II, 2)
enumeration	Mercutio: „a dog, a rat, a mouse, a cat." (III, 1)
oxymoron	„my **grave** is like to be my **wedding-bed**" (I, 5), „I must **love a loathed enemy"** (I, 5), „a **glooming peace**"(V, 3)
register, vocabulary: formal/ colloquial/scientific/learned	*R+J* has poetic, metaphorical, concrete, allusive, learned, colloquial vocabulary.
tone: humorous/emotional/ tragic/aggressive/depressed/ melancholic/emphatic	The play varies between „high and low", joking, melancholic and happily elated tones
synonyms	poison = death love = affection
antonyms	love and hate, life and death
connotation	Connotations of night are darkness, sleep etc.

Characters are/feel: good/considerate/admirable	
thoughtful/serious/ reasonable/reliable	Benvolio is thoughtful, serious, reliable
light-hearted/confident/ hopeful/secure	Romeo feels light-hearted in Juliet's company
fulfilled/happy/delighted	They make each other happy.
enthusiastic/thrilled	Juliet is thrilled when he talks to her.
bewildered/amazed/ impressed	The Nurse is amazed at their love story.
doubtful/insecure/uneasy	Juliet feels doubtful when she is alone.
apprehensive/fearful/ confused	She is apprehensive about the potion.
bitter/depressed/ disappointed/pessimistic	Mercutio is bitter and pessimistic about life.
angry/aggressive/suspicious/ violent/evil	Tybalt is aggressive and violent.

2.6 Stil und Sprache

Die Vielfalt der Sprache

Romeo und Julia weist viele kontrastreiche Facetten in Inhalt und Sprache auf:[39] Entsprechend den Personen und Situationen ist die Sprache manieristisch oder lyrisch, emotional oder komisch, aggressiv oder schwärmerisch. Pathos und Komik, konventionelle Sonette und metaphorischer Ausdruck überwältigenden Gefühls, witzige Tiraden und poetische Visionen bilden ein sprachliches Gesamtkunstwerk.[40]
Traditionelle Gedichtformen werden variiert und in den dramatischen Verlauf integriert: Sonette, die Epiphanie (die überwältigende Erscheinung), die Aubade (das Tagelied), das Epithalamium (das Hochzeitslied).

Das sprachliche Herzstück: Romeos und Julias Dialoge

Die Metaphorik charakterisiert den Sprecher und die Personenbeziehung. So wird Romeos Entwicklung von konventioneller Distanz zu leidenschaftlicher Begeisterung, von pubertärem Weltschmerz zu wahrer Verzweiflung und Hingabe auch sprachlich vollzogen.[41] Mit spontanem und innigstem Ausdruck ihrer Seele und Gefühle knüpfen und vertiefen die beiden Hauptpersonen vor allem verbal das Band ihrere Liebe. Ihre ‚hohe' Sprache steht im Gegensatz zu der ‚niederen', frivolen oder aggressiven Sprache anderer Perso-

39 Gero von Wilpert (Hg.), *Lexikon der Weltliteratur*, Bd. II, Stuttgart, 1968, S. 888: „*Shakespeare beherrscht schon hier die Kunst der reich differenzierten Sprach- und Szenengestaltung. Die glühende Lyrik der Liebenden erhebt sich über der Prosa der Diener, dem redseligen Geschwätz der Amme, der polternden Erregung des Vaters Capulet, Tybalts Hass und Mercutios kraftvoll-derber Männlichkeit. So bildet dieses Drama eine Welt, in der sich Romeo und Julia einen eigenen Bereich schaffen, der ihre Umgebung eben so überstrahlt wie ihren Untergang; sie sind zu symbolischen Figuren geworden, die noch in unserer Gegenwart wirken und zu neuer künstlerischer Produktion inspirieren.*"

40 Typen von Stilmitteln vgl. 2.5

41 Stilmittel sichern auch die innere Beziehung der einzelnen Phasen: z. B. Romeos Gebrauch der Schiff-Metapher (I, 4, RUB 5 S. 21) und in seinen letzten Worten (V, 3, RUB 5 S. 90 f.)

nen. Ihr leidenschaftlicher Dialog und Monolog ist ganz vom Herzen geleitet und bildet auch sprachlich das Herzstück.[42] Der Wechsel und der Kontrast der Sprechebenen gehören zu einer komplexen Sprachdramaturgie, die der Handlungs- und Personendramaturgie entspricht. Das Ende der Tragödie unterstreicht das bedeutungsvoll: Der äußersten Gefühlsintensität vor dem Tod der beiden Liebenden folgt die öffentliche Verhandlung des Prinzen, die nach Fakten, Gründen und Folgen sucht. Die Sprache der Autorität soll in die Realität zurückführen.

Formen des Sprechens

Die vorherrschende Sprechform in *Romeo und Julia* ist der typische Vers der Shakespeare-Tragödie und des Elisabethanischen Dramas: der Blankvers. Der Blankvers hat 10 Silben und fünf Hebungen. Jeder Vers wird durch eine flexible Zäsur in zwei Halbzeilen geteilt, deren Hebungen dem Gedanken und der Emotion angepasst sind. Der ungereimte, aber rhythmisch gegliederte Blankvers wirkt durch Enjambement, Alliteration, Assonanz vor allem der Endsilben und Wiederholungen von Schlüsselwörtern als zugleich natürliche und kunstvolle Sprache. Er passt sich Monolog und Dialog und den unterschiedlichsten Sprechsituationen an. Die meist ‚männlichen' Endsilben der Verse tragen die fünfte Hebung und geben damit eine klare Kontur. Mercutios „Frau-Mab-Rede" (I, 4) zeigt beispielhaft die Ausdrucksfähigkeit und Beweglichkeit des Blankverses. Prosa und gereimte Verse sind dem Blankvers untergeordnete Stilmittel, die Personen und Situationen charakterisieren.[43]

---

42 „Im ersten Höhepunkt (...) herrschen noch Stil und Thematik der europäischen Petrarca Nachfolge vor. Shakespeare traf in dieser gedrechselten, geistvoll zugespitzten Sprache den Ton des Herzens. Die Gartenszene und die Balkonszene gehören zu den schönsten Liebesgesprächen der Weltliteratur." Gero von Wilpert (Hg.), Bd. I, S. 1221 f.

43 Edgar I. Fripp, *Shakespeare – Man and Artist,* London Un. Press 2. Aufl. 1964, weist auf den Einfluss der altenglischen alliterativen Dichtung hin. S. 428 ff.

Prosa:	Gereimte Verse
Prosa ist rhythmisch freie Umgangssprache, die bildhaft, oft respektlos und frivol, anspielungsreich und witzig („puns") ist. Prosa ist Kontrapunkt zu Lyrik und Tragik und schafft Erleichterung („comic relief"). Prosa charakterisiert die Diener und die abhängige Gesellschaftsschicht. Ihr unerschütterlicher, selbstbewusster Ton und die genaue Wahrnehmung wirken als Kontrapunkt zur ‚hohen' Sprache. Beispiele: **1.** Gregory und Sampson führen mit einem rasanten Wortwechsel aus Einzeilern **(Stichomythie)** das Leitmotiv der Fehde ironisch agierend ein. **2.** Der des Lesens unkundige Diener begegnet Romeo (I, 2). **3.** Die ‚niedere' Sprache der Diener am Anfang kontrastiert mit der ‚hohen' Sprache der Liebenden am Ende der	**I) *Romeo und Julia* wird bezeichnet als die Tragödie der Sonette.**[44] Der erste Prolog ist ein Sonett. In 14 Zeilen (3 Vierzeiler, 1 Zweizeiler, Reimschema: ABAB CDCD EFEF GG) wird die Tragödie zusammengefasst. **2.** Auch der zweite Prolog ist ein Sonett mit demselben Reimschema. Hauptthema ist das Motiv der Liebe in einer feindlichen Welt. **3. Romeos Bild von Rosaline (I, 1) entspricht der Sonettkonvention (Anbetung der keuschen Schönen, Verzweiflung, Vergänglichkeit). Er preist sie fortlaufend und in manierierten Sonettzeilen, Benvolios Einwürfe integrierend (I, 1, RUB 9005 Z. 206 bis Ende der Szene).** **4. Romeo spiegelt sein überwältigendes Gefühl bei Julias Anblick (I, 5) in einem Sonett, das lebhafter Monolog ist und die Berüh-**

44 Vgl. Inge Leimberg, *Shakespeares Romeo und Julia,* München 1968. Siehe auch S. 24 dieser Erläuterung („englische" Sonettform).

Szene (I, 5). Ein ähnlicher Kontrast entsteht zwischen dem Ende von IV, 4 und dem Beginn von IV, 5.

4. **Prosa charakterisiert auch Mercutios bewusste Verletzung des ‚hohen' Tons.** Als Meister des provokanten, anzüglichen Wortspiels und groben Scherzes verhöhnt er Romeos poetische Sprachkonvention und fordert ihn zu einem Sprachduell in Prosa heraus (II, 4). Bei seinem letzten Auftritt (III, 1) ist Mercutio ungeduldig, sarkastisch, höhnisch und spricht in Prosa:

Auch Mercutios geschmeidiger und zugleich scharfer Prosastil zeigt ihn als hoch begabten Sprachkünstler, als Dichter. Der Blankvers ist sein dichterisches Medium, Prosa ist seine verbale Waffe, mit der er reizt, höhnt, schockt, verletzt und gegen Menschen und Welt rebelliert.

rung sucht (Reimschema: AABB CCDD AA)

5. Romeos und Julias bald darauf folgender erster Dialog ist eine sprachlich kunstvolle Annäherung in Form eines innigen dialogischen Sonetts mit Fortsetzung, wodurch ihre spontane Übereinstimmung in Geist, Körper und Seele deutlich wird.

6. Die letzten Worte des Grafen Paris für Julia sind Teil eines konventionellen Sonetts, das in trauriger Ironie seine Unkenntnis der Zusammenhänge spiegelt (V, 3).

II) Der gereimte Doppelzeiler:

Alle Sonette Shakespeares enden mit einer gereimten Doppelzeile („heroic couplet"). Die Doppelzeile hat eine emphatische und eine abschließende Funktion. Romeo und Julia sprechen häufig in emphatisch gereimten oder durch Assonanzen reimähnlichen Versen (z. B. II, 2, RUB 9005 Z. 123 ff., 186 ff./III, 5) Die

meisten Szenen enden mit einem gereimten Zweizeiler („heroic couplet" (I, 1, 2, 3, 5, II, 2, 3, 5, III, 1, 3, 5 usw.) III) Alliterationen und Homophone, z. B. in Mercutios Sprachphantasien („Hare, hoar, whore", II, 4, RUB 9005 Z. 128 ff.).

Anspielungen auf **a) Vorstellungen b) Sprichwörter c) Sentenzen**[45] durchziehen die Dialoge: a) In der komödiantischen ersten Szene führen z. B. die Ableitungen von „carry coals" (Beleidigungen einstecken) zu Anspielungen auf die „Säftetheorie" des Galen und die Gefahr des Hängens. Wiederholungen und Variationen verstärken die Wirkung: So wird in der ersten Szene das „Daumenbeißen" (eine beleidigende Geste) vierfach benutzt. Die häufigen sexuellen Anspielungen der Amme (z. B. in I, 3, RUB 9005 Z. 53 ff.) gelten vor allem dem Publikum. Als Gegenbild gibt es viele Anspielungen auf den geflügelten, Pfeile abschießenden Cupido (z. B. Mercutio in I, 4, RUB 9005 Z. 17).
b) Ungefähr 50 Anspielungen auf Sprichwörter durchziehen den Text, z. B. Benvolio (I, 2, RUB 9005 Z. 45 ff.), der Romeo von der alten Liebe durch neue Liebe heilen will, oder Lorenzo (II, 3, RUB 9005 Z. 94), der Romeo vor schädlicher Hast warnt.
c) Vor allem Lorenzo vermittelt Lebensweisheit in Sentenzenform, z. B. in seiner Rede an den frühen Morgen (II, 3, RUB 9005 Z. 1 ff.) und der spätere Satz: „Sorge lässt alte Menschen nicht gut schlafen." (RUB 9005 Z. 31 f.)[46]

45 Gerhard Müller-Schwefe, *Sprichwörter als Übersetzungsproblem – Zum Beispiel „Romeo and Juliet"*, Die Neueren Sprachen, 1960 S. 341-351.

46 Viele Worte aus Shakespeare-Werken sind wiederum als „Sprichwörter" in die englische Sprache eingegangen: I must hold my tongue/Brevity is the soul of wit/I must be cruel to the kind/To thine own self be true/etc.." zitiert nach Alexandra Frean, Much ado about Shakespeare, The Times, November 1999

2.7 Interpretationsansätze

Entscheidend für die Vermittlung und Wirkung des Werkes ist natürlich seine Realisierung auf der Bühne. Durch die Inszenierungen können unterschiedliche, im Text angelegte Elemente betont und aktualisiert werden. So kann es z. B. eine historisierende, gesellschaftskritische, jugend- und tiefenpsychologische, manieristische, emanzipatorische, romantische, symbolische oder aktualitätsbezogene Bühneninterpretation geben. Der Text des Dramas ist wie ein vielfarbiges, kunstvolles Gewebe, dessen einzelne Stränge und Fäden herausgehoben und beleuchtet werden können.[47]
Der Text enthält diese Offenheit und Komplexität, weil er der zentralen Eindeutigkeit der Liebe vielfache Mehrdeutigkeiten (Ambivalenzen) und Paradoxien gegenüberstellt. Diese sollen mit einem werkimmanenten Interpretationsansatz an einzelnen Beispielen dargestellt werden.

Die Ambivalenz der Metaphern

Die Klagen des von der Liebe verletzten Romeo[48], dessen Herz von Amors Pfeil durchbohrt wurde („stabbed" – erstochen), prägen den ersten Akt. Hoffnungslos getroffen, d. h. unglücklich verliebt, erscheint er auch seinen Freunden (I, 4). Der die Liebe verlachende Mercutio, der die sexuelle Konnotation des Wortes unterstreicht (II, 4), wird kurz darauf von Tybalt erstochen, durch Romeos Schuld, wie Mercutio sagt. Die konventionelle Liebesmetapher wird also in Mercutios Rede einerseits sexuell betont, andererseits mit seiner tödlichen Verletzung konkret und verstärkt durch emphatische Untertreibung („a scratch",

47 Vgl. 5. Materialien
48 „I am too sore empierced with his shaft", ich bin von seinem Pfeil zu sehr verletzt. Romeo fährt fort: „Ist Liebe zart? Sie ist zu rauh, zu lärmend, und sie sticht wie Dornen". (I, 4)

ein Kratzer[49], III, 1). Julias Tod ist die Selbsttötung mit Romeos Dolch, ebenfalls ein mehrdeutiges Motiv.

Die Ambivalenz von Licht und Dunkelheit

Tag und Nacht, Licht und Dunkel sind den beiden Handlungsebenen, der öffentlichen und der privaten, zugeordnet. Sie erfahren im Verlauf der Handlung symbolische Erweiterung und Veränderung: Zu Beginn ist das Licht positiv, und die Dunkelheit ist negativ: Im Licht des Tages vollzieht sich das öffentliche Leben in der Stadt. Das Tageslicht scheint für das aktive, reale Leben zu stehen. Das Morgenlicht wird von Bruder Lorenzo begrüßt wie der Neubeginn des Lebens. Romeo bereitet es große Sorgen, weil er das Dunkel sucht und das Licht ausschließt. Vor dem Fest ist er schwermütig und voll dunkler Ahnungen.

Plötzlich und unerwartet vollzieht sich für Romeo und Julia im Moment ihrer Begegnung eine Offenbarung, die in der Lichtmetaphorik konzentriert ist: Julias strahlender Anblick erlöst Romeo aus tiefer Melancholie. Sie ist die Personifizierung des Lichts, des Tageslichts und der im Osten aufgehenden Sonne. Ihr Licht ähnelt zugleich dem überirdischen Licht von Engeln. Julia vergleicht ihrerseits ihre ‚Liebe auf den ersten Blick' mit einem Blitz. Damit charakterisiert sie ihre Liebeserfahrung ebenfalls als Überwältigung durch Licht und extreme Energie. Aus dieser Energie und ungeduldigen Entschlossenheit entsteht das hohe Tempo der Liebeshandlung. Schneller als das Licht sollen ihre Gedanken zu einander eilen.

Auch Julia sieht Romeo in einem Strahlenkranz. Am Himmel würde er heller als die Sonne strahlen (III, 2).

49 „Bist du etwa verletzt? – Ja, ja, ein Kratzer, ein Kratzer, das reicht. Romeo: Kopf hoch, die Wunde wird nicht so schlimm sein. M.: Nein, nicht so tief wie ein Brunnen und nicht so breit wie eine Kirchentür. Aber sie reicht…" (I, 4)

Die emotionalen Höhepunkte ihrer Liebe sind jedoch zunehmend Abend- und Nachtszenen (I, 5; II, 2; II, 5; III, 5; IV, 3; V, 3). Die Dunkelheit hat zunächst eine beschützende, am Ende aber auch eine erschreckende Wirkung. Ihre Liebe in einer dunklen Welt ist gefährdet durch das Licht des Tages. Sie brauchen das Dunkel für Nähe und Intimität (II, 2, III, 5). Die Nachtigall ist das Symbol der Liebesnacht. Der Vogel des Morgenlichtes, die Lerche, bedeutet dagegen Trennung. Nach Romeos Verbannung ist ihre Liebe endgültig an das Dunkel gebunden. Licht bedeutet nun Entdeckung und Tod. Der am hellichten Tage verbannte Romeo darf sich nicht mehr sehen lassen. Obwohl er für Julia zum Fixstern ihres Denkens und Fühlens geworden ist, ist er zum Schattendasein verurteilt. Das Dunkel von Julias einsamem Zimmer ist eine Vorahnung der düsteren Gruft der Capulets, die für beide der letzte gemeinsame Ort wird, ein völliger Kontrast zu dem Festsaal, in dem sie sich zuerst trafen. Julias Erscheinung bedeutet Romeo zwar noch immer Licht und Schönheit, aber die Schatten des Todes erschüttern ihn umso mehr. Das Grauen, das seine Seele nun erfasst, erinnert an Julias Schreckensvisionen zwei Abende zuvor. Jetzt durchschreitet auch Romeo den Weg vom Leben zum Tod mit Metaphern der Gefahr und des Dunkels.

Die Ambivalenz von Traum und Vision[50]

Die Hauptpersonen lassen sich in seelischen Krisen von Eingebungen beeinflussen, die als Sprache des Unbewussten gedeutet werden können. Romeo,

50 Nach mittelalterlichen Vorstellungen gab es den Unterschied zwischen Vordeutungen göttlichen Ursprungs (avision), solchen, die körperlich verursacht Hoffnungen und Befürchtungen auslösten (vision), und erschreckenden Traumgesichten (fantome). Alle drei spielen hier eine subjektiv erlebte Rolle.

Mercutio und Julia reagieren jedoch unterschiedlich auf diese Bilder.

Romeo glaubt an die Vorbedeutung seiner Träume (I, 4 / V, 1). Er versteht sie jedoch falsch, weil er seine Erwartung hineinprojiziert.

Der intellektuelle Mercutio, der allen Aberglauben ablehnt, weckt dagegen ein magisches Bild der Frau Mab, das zu seiner Obsession wird (I, 4). Es spiegelt die kindlichen Ängste in einer heillosen Welt, die Mercutio sonst ironisch überspielt.

Julias Angst vor der Wirkung des Schlaftrunks (IV, 4) steigert sich in eine Art Halluzination des Schreckens. Ihre Stärke zeigt sich in dem Paradox, dass sie den Trank auf dem Höhepunkt ihrer Panik einnimmt, weil sie Romeo beistehen will.

Die Visionen sind Bilder des Unbewussten und in ihrer Bedeutung ambivalent.

Die Ambivalenz der Freundschaft

Romeo und seine Freunde sind eine zentrale und zugleich ambivalente Personengruppe, die nur im ersten Teil auftritt und deren Beziehungen, vor allem durch Mercutio geprägt, emotional und widersprüchlich sind. Romeos Liebe muss auch vor den Freunden verborgen werden, weil vor allem Mercutio ihre Freundschaft durch die Liebe zu einer Frau gefährdet glaubt. Mercutio provoziert nicht nur seine Feinde, sondern auch seine Freunde, vor allem Romeo, den Liebenden. Er verflucht vor seinem Tod beide Familien und belastet damit Romeo zweifach. Romeo wird von Mercutio stigmatisiert und zur Rache provoziert.

Die Freundschaftsbeziehungen bedeuten hier: Freiheit der Gruppe, aber teilweise Abhängigkeit in der Gruppe und emotionale Instabilität. Benvolio lässt sich nicht

provozieren, da er eindeutig ist. Er überlebt und bezeugt Leben und Tod seiner Freunde.

Die Ambivalenz von Leben und Tod

Zahlreiche Hinweise auf Todessehnsucht und Lebensüberdruss betreffen die männlichen Jugendlichen.[51] Diese sind süchtig nach Konfrontation, Kampf und Todesgefahr. Romeos anfängliche Melancholie und hoffnungslose Liebessehnsucht enthält Züge der Selbstbestrafung. Beide Haltungen sind zerstörerisch und spiegeln die lebensfeindliche Erstarrung der Gesellschaft. In seiner Liebesbeziehung zu Julia erfährt Romeo die unerwartete Initiation in vollkommenes Liebeser**leben** und alsbald auch dessen drohenden Verlust durch die Folgen des Duells.
Romeos Entschluss zur Selbsttötung, um Julia im Tod gleich und nahe zu sein, ist die paradoxe Konsequenz seiner neuen Liebes- und Lebensfähigkeit. Sein Tod ist nicht passive Selbstaufgabe, sondern eine Tat für Julia und ihre gemeinsame Liebe und gegen die Lieblosigkeit der Welt.

Die Ambivalenz des Selbstmordes

Shakespeare machte die Selbsttötung der Liebenden zum zentralen Element der Tragödie und hat damit einen mächtigen literarischen Mythos geschaffen. Das Ende zeigt jedoch eine ambivalente Darstellung, um das gesellschaftliche und religiöse Tabu nicht zu verletzen:

1. Beide hofften auf Rettung, sehen aber schließlich keinen anderen Weg. Ihre Jugend und Emotionalität erklärt das Versagen der Vernunft.

51 Vgl. Kapitel 2.4 dieser Erläuterung.

2. Ihr Tod hat eine kathartische Wirkung auf die feindlichen Familien und kann daher als Selbstopfer gedeutet werden.
3. **Das letzte Wort hat der Prinz, der die Helfer des Selbstmordes ermahnt oder sie bestrafen wird. Seine Haltung und die Wandlung der beiden Familien zeigen die mächtige Wirkung der toten Liebenden auf das Gemeinwesen. Die Versöhnung gibt der tragischen Situation ein versöhnliches Ende.**

Die Paradoxie der Grenzüberschreitungen

Shakespeares Theater ist eines der Bewegungen und dramatischen Wandlungen. Alle Hauptpersonen werden durch Ereignisse, Begegnungen und Entscheidungen andere, als sie zu Beginn waren. Die innere und die äußere Dynamik führen sie in Grenzsituationen und damit zu dem, was existenzialistisch als ihre „Essenz" bezeichnet wird.

Romeo und Julia **thematisiert die Grenzsituation und die Grenzüberschreitung in der Außenhandlung und vor allem in der Innenhandlung**: Der Aufruhr durch die bewusst fortgesetzte Familienfehde, die tätlichen Auseinandersetzungen und Duelle sind eine Verletzung der städtischen Ordnung. Das Bewusstsein des Regelbruches verschärft sogar noch die Feindschaft. Der Prinz reagiert darauf mit Warnungen und Bestrafungen. Mit ihrer Liebesbeziehung und heimlichen Ehe verletzen auch Romeo und Julia wissentlich tradierte Verhaltensregeln. Die Heimlichkeit und Gefahr ihrer Liebe steigert ihre emotionale Intensität und entfernt sie zugleich immer mehr von den Normen und Bindungen der Umwelt. Die Überzeugungskraft ihrer Liebe ist herausgehoben durch ihr voraussehbares Ende und ihre Bestrafung als Grenzübertretung.

Shakespeare gelingt es, beide Ebenen in einer paradoxen und damit überraschenden Wendung am Ende zu verbinden: Die Liebenden werden nicht von äußerer Macht bestraft, sondern sie befreien ihre Liebe von solchen Einflüssen. Sie geben sich im Tod einander hin und stellen ihre Bindung über die irdischen Gesetze. Darin liegt die Grenzverletzung des Selbstmordes, aber auch die Erlösung für ihre Liebe und die Loslösung ihrer Familien von den Fesseln der Feindschaft.

Die Vollkommenheit und Eindeutigkeit der Liebe

Romeos Liebe zu Rosaline folgt der petrarkistischen Konvention der hierarchischen, tyrannischen Liebesmacht und monologischen, idealisierenden Ohnmacht des Liebenden. Die Nichterfüllung gehört zur paradoxen Perfektion dieser Liebe.[52]

In seiner von Julia erwiderten Liebe erlebt Romeo eine plötzliche Heilung. Was „Liebesperfektion" genannt wird, ist die innerweltliche Glückserfahrung, eine fast mystische Harmonie, die durch Erfüllung weiterwächst. Sie ist Dialog und Spiegelung von zwei ebenbürtigen, hingabefähigen Personen. Diese Erfahrung liebender Verschmelzung wird noch paradox gesteigert durch die Trennung und Isolierung der Liebenden voneinander durch die Verbannung. Verlust und Tod begleiten von nun an ihre Liebe, bis sie schließlich untrennbar geworden sind durch das gemeinsame Ende. Beide Personen verkörpern im Leben und im Tod das Renaissance-Ideal der Liebe, das den Tod überwindet. Aber sie klagen, leiden und fragen auch nach ihrem Weg, wie Menschen es tun. Ihre Größe und ihre Schwäche, ihre Liebe und ihr Leiden machen beide zeitlos glaubwürdig.

---

52 Bernard Taureck, *William Shakespeare zur Einführung*, Hamburg: Junius 1997, S. 14 ff.

Die Liebe zwischen diesen beiden jungen Personen ist Harmonie **und** Leidenschaft, grenzüberschreitend **und** sozialisierend, stärkend **und** verletzlich, naiv **und** reif, hoffnungslos **und** ohne Ende. Ihre in Feindschaften und Posen erstarrte Umwelt reagiert auf die Eindeutigkeit und Kompromisslosigkeit der Liebenden wie auf einen zivilisierenden Schock.

Romeo und Julia und das Paradox der Unsterblichkeit

Literarisch ist das Werk eingebettet in die Sonettkultur. Dies spiegelt sich im Text, in Motiven und Personen. Der Prolog deutet an, dass die Tragödie auch als großes Liebessonett betrachtet werden kann. Wie der Aufbau eines Shakespeare-Sonetts These, Antithese und abschließende Konsequenz (Synthese) enthält, so entwickelt die Tragödie die Gegensätze von Innen- und Außenwelt, von Feindschaft und Liebe und zeigt die Synthese in Gefühl und Wort des Prinzen. Die Väter beschließen, dass Romeo und Julia durch goldene Statuen erinnert werden sollen. Was die Renaissancedichter ihren Geliebten zusagten, widerfährt diesen beiden Liebenden im Werk, in der europäischen Literatur und im kollektiven Bewusstsein tatsächlich: **Sie sind durch ihre Liebe und ihren Tod unsterblich geworden.**[53]

53 Geisen unterstreicht die Lesart des Endes als bewegender Sieg, nicht als tragischer Untergang. Vgl. in: *Romeo und Julia*, Klose, D. (Hg.), RUB 5, Nachwort, S. 127

3. Themen und Aufgaben

Assignments and projects:

Act, scene	Elements of structure, function / emotion	References
Prologue Analyze the content, form and function of the sonnet.	**sonnet**/background and preduction/apostrophe	Lösungstipps: S. 33, 72
I, 1 Who is a Montague, who is a Capulet?/ Find evidence for the family feud./ How is Romeo characterized?	**exposition, introduction of leitmotifs** (war, fights in the street, love, pain) of characters, of the authority of the Prince/Romeo's depression/public place	Lösungstipps: S. 33, 54 ff.
I, 2 What do we learn about Juliet and her family?/Explain the function of the servant./Characterize Romeo's love for Rosaline.	**introduction of motif of marriage**/references to Juliet/Inside (at the Capulets') outside (the street) comic relief, Romeo's sadness	Lösungstipps: S. 34, 59, 81
I, 3 Characterize the relationship of the women to Juliet./Analyze Paris' image.	Lady Capulet's aims/ contrast between mother and nurse/**Juliet's dependence**, obedience	Lösungstipps: S. 34, 60

I, 4 Sum up the contents and messages of Romeo's and Mercutio's visions.	**rising action** (young people near the Capulets') banter and foreshadowing (Romeo and Mercutio)	Lösungstipps: S. 34, 56 f., 75, 78 f.
I, 5 How does Romeo describe Juliet?/ Analyze the first words of Romeo and Juliet./Define the danger for them.	Inside the house/central encounter, Romeo sees Juliet/immediate emotional and physical fascination between both/ fight is avoided/bliss and pain	Lösungstipps: S. 56 ff., 76 ff.
Prologue	praise of the power of love	
II,1 Analyze the comments on love at the beginning.	parallel actions/Romeo disappears (secrecy of love)/friends: mockery of love	Lösungstipps: S. 35, 78 f.
II, 2 How does Juliet express her love?/ How does Romeo react to her?/How do they part?	parallel: words and thoughts of love above and below/confessions, visions, emotional union/ **promise of marriage**, **Juliet's disobedience, independence**	Lösungstipps: S. 36, 66 ff., 72 f., 81

II, 3 What is the Friar's character and attitude?/How does he react to Romeo?	**meditation** on life, death, nature, mankind/test of Romeo's feelings/Friar is mentor, spiritual guide/ aims at peace in Verona	Lösungstipps: S. 36, 53, 62
II, 4 Show the mixture of emotions in the scene./What is ist function?	contrast: foreground (street, young men, jokes) background (tension of lovers)/Nurse serious and comical/Romeo's plan	Lösungstipps: S. 36 f., 62
II, 5 Describe and explain Juliet's behaviour in the scene.	**retarding comic element**/contrast: Juliet's impatience, Nurse's provocative slowness/suspense for Juliet, protagonist/relief	Lösungstipps: S. 37, 62
II, 6 Show the different emotions of the characters before the wedding.	Friar's exhortation/ Romeo's impatient joy/ Julia's profession of love/ **suspense/omission of the wedding**	Lösungstipps: S. 37, 62
III, 1 Describe Tybalt's behaviour. How do the other young men react?/Why	Benvolio's warning/ Mercutio unafraid, Tybalt eager to fight/Romeo's intervention fails/tragic	Lösungstipps: S. 37, 56 ff., 78 f.

does Romeo kill Tybalt?/Sum up the judgment scene.	misunderstanding/Mercutio's curse and Romeo's revenge/**climax of the public feud, banishment**	
III, 2 Explain the misunderstanding in the scene./Explain Juliet's conflict.	**climax of negative emotions in the family/** negative suspense for Juliet/despair and conflict	Lösungstipps: S. 38, 60 f.
III, 3 What is Romeo's reaction to banishment? How does the Friar comfort him?	Romeo's despair and death wish/Friar's exhortation and suggestion as consolation/expectant hope despite despair	Lösungstipps: S. 39, 62 f.
III, 4 Describe the change in Capulet's attitude to Count Paris.	**parents' aim of immediate marriage with Paris**/contrast: between public and secret reality/ **paradoxes**	Lösungstipps: S. 39, 54 f.
III, 5 Analyze the different phases and the metaphors of the dialogue Romeo – Juliet./Sum up the second part of the scene.	**climax of bliss and sadness**/intense communication/attempts to avoid separation/parents' unfeeling attitude: **ironic contrast/emotional anticlimax,** increasing plight	Lösungstipps: S. 39, 58 ff., 68 ff., 72 ff.

IV, 1 Why does Paris visit Friar Laurence? What is the Friar's support for Juliet?	Paris' doubts about Juliet's love/irony of his hopes and her despair/the potion	Lösungstipps: S. 40, 58, 62 f.
IV, 2 Explain the situation between Capulet and Juliet.	**irony: falling action**, but Capulet's hope/Juliet's apparent submission	Lösungstipps: S. 40, 52
IV, 3 Analyze the arguments in Juliet's monologue.	Juliet's loneliness/fear and doubts in monologue/her will to risk all for Romeo	Lösungstipps: S. 40, 60 f., 77
IV, 4 Explain the contents and the function of the scene.	contrast to preceding scene: noisy laments/Friar consoles	Lösungstipps: S. 40
IV, 5 Describe and interpret the different reactions to Julia's ‚death'	outbursts of emotion, waiting, lament, despair, reactions to loss; **foreshadowing**	Lösungstipps: S. 41, 48 f.
V, 1 Describe the change in Romeo's emotion within moments. Characterize the apothecary.	sudden emotional change: expectation turns to grief, immediate need to see her/Romeo extorts poison from poor apothecary: the will to die	Lösungstipps: S. 41, 58 ff., 53

V, 2 Describe the Friar's emotional situation.	**retarding tragic element: bad luck/** Friar's fear and shock/ responsibility/determination to save Juliet	Lösungstipps: S. 41 f., 62 f.
V, 3 Two men in Juliet's tomb: Describe their motives and behaviour. Show the emotional metaphors of Romeo's adieu/ Explain Juliet's end. Sum up and explain the reaction of the adults. What will their future be?	**dénouement**/Paris' adieu to Juliet/Romeo's adieu to the world, father, servant/ **tragedy of the two men/** Romeo denounces the power of death/defends Juliet against its horror/ Juliet's shock and immediate desire to be with him in death/**catharsis of adults**	Lösungstipps: S. 42 f., 58 ff., 79 f.

Die Seitenverweise der Lösungstipps beziehen sich auf die vorliegende Erläuterung.

4. Rezeptionsgeschichte

Frühe englische Textversionen: Quartos und Folio

1. Quarto (Q1), 1598	Q 1, wegen vieler Textentstellungen auch „bad quarto" genannt, enthält ungefähr 2300 Verse, zahlreiche Angaben zu Auf- und Abtritten und einen Hinweis auf den Bühnenerfolg.[54] Sie entstand als „Raubdruck" und basiert wahrscheinlich auf einer Gedächtnisrekonstruktion durch einen oder mehrere Schauspieler von Aufführungen im „Shoreditch Theatre".
2. Quarto (Q 2,) 1599	Sie beruht auf der gleichen Bühnenfassung, bietet jedoch einen zuverlässigeren Text, da sie einer schriftlichen Aufzeichnung folgt. Trotz einzelner Mängel, die durch unleserliche Stellen im Manuskript entstanden sein sollen, gilt sie als „good quarto". Diese Version mit Verbesserungen durch die erste Quarto ist Basis heutiger Werkausgaben.
3. Quarto (Q 3),1609 *4. Quarto (Q 4), 1622; Folio, 1623*	Die dritte Quarto, in der allerdings der Prolog fehlt, basiert auf der zweiten Quarto und bildet die Grundlage für die vierte Quarto und für die Folio der Werke.

Die frühen Versionen enthalten noch keine Akteinteilung, doch die Gliederung in fünf Akte ist durch Handlungsphasen und Auftritte klar vorgegeben: Die in der Seneca-Tradition

54 Der Untertitel: „An excellent conceited tragedy of Romeo and Juliet, as it hath been often, with great applause, played publicly by the right honourable the Lord of Hunsdon his servants." (eine ausgezeichnete intelligente Tragödie – so wie sie oft öffentlich aufgeführt worden ist durch die Schauspieler des Lord of Hunsdon)

stehenden Chöre vor Beginn der ersten beiden Akte und die Dramatik mit Exposition, Peripetie und Katastrophe verknüpfen das private Liebesschicksal mit der Bedrohung des Staatswesens durch die Familienfehde. Dreimal erstarrt heftige dramatische Bewegung zur großen Schauszene, wenn der Fürst den streitenden Parteien entgegentritt.[55]

Veränderungen des Werkes

Neben *Hamlet* wurde die Tragödie der Liebenden bald das erfolgreichste Shakespeare-Drama in England. Das Werk erfreute sich in verschiedenen Versionen großer Beliebtheit: Schon bald nach der Wiedereröffnung der Theater, 1660, bekam das Stück ein ‚happy-end'. In einer weiteren Veränderung von 1680 wurde das Werk in Kombination mit Thomas Otways *The History and Fall of Caius Marius* mehrere Jahrzehnte gespielt. Die nächste Fassung von 1744 veränderte die Gruppe der Figuren, den Anfang und das Ende des Dramas: Danach kannte und liebte Romeo von Anfang an nur Julia. Die Version des berühmten Schauspielers Garrick von 1748 wurde bis 1845 aufgeführt. Garricks Fassung entsprach wieder, bis auf Anfang und Ende, der ursprünglichen Tragödie. Auch hier nahmen Romeo und Julia in der Gruft tränenreich Abschied voneinander.

Erfolge der Originalfassung seit 1846

Der Londoner Theaterintendant Samuel Phelps ließ das Werk seit 1846 endlich wieder in der Originalfassung spielen und hatte mit den folgenden fünf Produktionen großen Erfolg. Als Beispiele für den hervorragenden Platz des Klassikers in den nächsten Jahrzehnten mögen die 150 Aufführungen in London

55 Ina Schabert, *Shakespeare-Handbuch*. Stuttgart, 1992, S. 559 ff.

1882/83 und die 186 Aufführungen mit Peggy Ashcroft und Laurence Olivier 1935/36 genügen.[56] Jede Generation hat in dem Werk ihre eigene Zeit reflektiert gefunden: Die Zeffirelli-Inszenierung 1960 wirkte mit der Betonung von Unruhe und Gewalt in der Jugendszene wie eine Ouvertüre zum Jahrzehnt des Jugendprotestes.[57] Die neueste Londoner Inszenierung der Royal Shakespeare Company weist vor allem auf Gewalt und Zynismus in allen Beziehungen hin. Im letzten Akt sitzen die Erschlagenen, Tybalt und Mercutio, wie Rachegeister auf der immer präsenten symbolischen Mauer, reichen Romeo das Gift und provozieren seinen Selbstmord. Die Liebenden entsteigen am Ende ihrem Grab als Geister.[58]

Beispiele für das Romeo-und-Julia-Thema in der modernen englischen Dramatik[59]

Peter Ustinov	*Romanoff and Juliet* (1956) stellt die Feindschaft der beiden Familien als Symbol für den Kalten Krieg und die Position der beiden Supermächte in den Mittelpunkt.
David Edgar	*Death Story* (1972), vor allem auf englischen u. amerikanischen Bühnen aufgeführt, hinterfragt die Interpretation des Dramas als Sieg der Liebe über den Tod. Das Stück enthüllt statt dessen eine Todesobsession.
Andrew Davies	*Rohan and Julie* (1975) versetzt die Handlung in den nordirischen Bürgerkrieg und will eine Annäherung an Shakespeare besonders für junge Menschen sein.

56 „Die Duse" begann ihre Karriere in Verona mit 14 Jahren als Julia (1872). Zwanzig Jahre später ging sie in dieser Rolle noch auf Tournee.

57 Vgl. Materialien, S. 97

58 B. Nightingale, *Death in Verona*, TIMES Arts, 10. Juli 2001 , S. 24

59 Für die französische Literatur soll besonders auf Jean Anouilhs Drama *Roméo et Jeannette* (1946) hingewiesen werden.

David Pinner	*Juliet and Romeo* (1976), Fernsehspiel, im Süd-funk Stuttgart uraufgeführt, lässt Romeo und Julia weiterleben und spinnt ihre Geschichte fort mit den unvermeidlichen Wandlungen und Enttäuschungen des Lebens.

Versionen und Aufführungen in deutscher Sprache[60]

In deutscher Sprache erschien die Übersetzung 1625 unter dem Titel *Romio und Julietta.* Doch schon 1604 wird von einer Aufführung in Nördlingen berichtet.
Nach einer weiteren Version in Blankvers von S. Grynäus (1758) schrieb Wieland 1764 das Drama in Prosa. **1797 folgte Schlegels klassisch gewordene Übertragung, die zum ersten Mal der leidenschaftlichen Sprache des Originals gerecht wurde, den ‚Mischstil' von Lyrik, Komik und Tragik jedoch nicht ganz erreichte.**
Im Verlauf des 20. Jahrhunderts wurde *Romeo und Julia* durch prägende Inszenierungen auch in Deutschland zu einer Ikone des Theaters.[61] Vor allem seit 1945 hat jede Generation in dem Werk ihre spezifische Lesart gefunden: In der Nachkriegszeit war es die Hoffnung auf Überwindung der Feindschaften durch Liebe, in den 60er und 70er Jahren die Auflehnung der Jungen gegen die traditionellen Autoritäten[62], und in den 90er Jahren die Utopie der Vollkommenheit durch den Blick der Liebenden statt der Videoclip-Beziehungen.[63]

60 Posener, S. 127 f. betont die geistesgeschichtliche Bedeutung, aber auch die fundamentalen Missverständnisse der deutschen Shakespeare-Rezeption. Der Dramatiker ist hier immer wieder Gegenstand der Forschung und Publiszistik, z. B. in der Zeitschrift *Literaturen* April 2001.

61 Z. B. Max Reinhardts Berliner Inszenierung von 1907 mit einem großartigen Renaissance-Bühnenbild.

62 Allein zwischen 1969 und 1976 gab es 27 verschiedene Inszenierungen auf deutschsprachigen Bühnen.

63 Der Regisseur Christoph Schlingensief hat im Jahr 2000 ein vom Romeo und Julia-Thema inspiriertes Realtheaterprojekt, den „Liebeskongress" unter dem Titel *Love pangs* (Liebesschmerzen) realisiert und verfilmt.

Das Romeo-und-Julia-Thema in anderen Medien[64]

Prosa	Gottfried Kellers Novelle *Romeo und Julia auf dem Dorfe* (1856), eine Tragödie der Ausweglosigkeit und des Materialismus im bäuerlichen Milieu seiner Zeit.
Oper	Nach einem deutschen „Schauspiel mit Gesang" von Gotter und Benda in Gotha (1776) vertonten im 19. Jahrhundert Bellini (1830) und Gounod (1867) den Stoff. Im 20. Jahrhundert hatte Sutermeisters Oper *Romeo und Julia* 1939 Erfolg. Ein Klassiker des 20. Jahrhunderts ist L. Bernsteins West Side Story (1957) mit dem Schauplatz New York.
Sinfonie	Eine Sinfonie von Berlioz (1839) und eine sinfonische Dichtung von Tschaikowski (1870)
Ballett	und ein Ballett von Prokofieff (1940) galten demselben Stoff.
Film	Die atmosphärisch getreue Verfilmung von *Romeo und Julia* durch Zeffirelli (1968), Baz Lurmans eindrucksvoller ‚Videoclip' *Romeo und Julia* von 1996 und John Maddens phantasievolle Bearbeitung des Themas in *Shakespeare in Love* (1998).

64 Vgl. auch Materialien

5. Materialien

Zu 1.1

In her recently published biography, *Ungentle Shakespeare,* Katherine Duncan Jones discovers Shakespeare, „the real man behind the myth, the temporary citizen of the human world" rather than the „immortal bard"of popular celebration:

„The first place was Stratford, and if ever there was a genius loci in Warwickshire it must have been that of literature since many of Shakespeare's contemporaries reached eminence as writers or printers. His father was a ‚merry many', acording to later gossip, and Duncan-Jones considers the possibility of the boy being taken to plays and pageants in the neighbourhood. He may even have acted in early mumming plays, thus anticipating his brilliant career ... He seems to have gone to the Queen's Men, a touring company which made a speciality of comedy; he performed several tasks at the same time becoming actor, book-keeper, stage-keeper and reviser of plays. Like other artists of genius, he was proficient at even the most menial tasks. At this relatively early date the writer used ‚slippery language, in which a speech could be quite differently received by different individuals'. This might have been related to the modern theory that he was a secret Catholic.
... Shakespeare was well acquainted with the devices of the world (...) and Duncan-Jones demonstrates that he weaved the private life of prospective patrons into his entertainment. Somehow he managed to please everyone – except, of course, other playwrights. His ability to adapt himself to all circumstances and all persons allowed him an unsurpassable rise in public and social esteem."[65]

65 Peter Ackroyd, *William, this is your life,* The TIMES, 31-5-2001

Zu 1.2
performances

„The main stage was a large platform, chest high, jutting forward from the ‚tiring-house' nearly thirty feet into the centre of the yard. As the platform, three parts surrounded, could not be curtained off, there was no possibility of picture-stage scenery; it was usually bare, leaving the imagined stage locality fluid and indeterminate, to be indicated, when necessary, by the actors themselves...This appeal to the ear was seconded by music and noises off."[66]

„The chief need of the actor was the ability to speak verse well; the best actors preserved a nice balance between naturalness and formality, both in speech and gesture, and the fact thast women's parts were taken by boys tended to have the same effect. The audience was a cross-section of London – Puritans only excepted – and whatever its limitations it possessed the supreme merit of regarding poetry as a natural means of expression."[67]

Zu 1.3

In 1999 a selection of poems representative of a millennium of English poetry was posted in schools and on the London Underground. Shakespeare figured among them with *Sonnet 116*[68]:

Let me not to the marriage of true minds
admit impediment: Love is not love
Which alters when it alteration finds,
Or bends with the remover to remove:
O no; it is an ever-fixed mark,
That looks on tempest and is never shaken;

---

67 L.G. Salingar, *The Elizabethan Literary Renaissance*, in: The Age of Shakespeare, S. 66 f.

68 Kenneth Muir, *Changing Interpretations of Shakespeare*, in: The Age of Shakespeare, S. 282

69 John O'Leary, *Millenial list picks poetry that pleases*, THE TIMES, 31-5-1999

It is the star to every wandering bark,
Whose worth's unknown, although his height be taken.
Love's not Time's fool, though rosy lips and cheeks
Within his bending sickle's compass come;
Love alters not with his brief hours and weeks,
But bears it out even to the edge of doom.
If this be error, and upon me proved,
I never writ, nor no man ever loved

Zu 2.7
criticism of the play

„The most complex work of art among these early plays of Shakespeare, Romeo and Juliet *is far more than ‚a play of young love' or ‚the world's typical love tragedy'. Weaving together a large number of related impressions and judgments, it is as much about hate as love. It tells of a family and ist home as well as a feud and a tragic marriage. The public life of Verona and the private lives of the Veronese make up the setting for the love of Romeo and Juliet and provide the background against which their love can be assessed. It is not the deaths of the lovers that conclude the play but the public revelation of what has happened, with the admonitions of the Prince and the reconciliation of the two families.*
Shakespeare enriched an already old story by surrounding the guileless mutual passion of Romeo and Juliet with the mature bawdry of the other characters – the Capulet servants Sampson and Gregory open the play with their fantasies of exploits with the Montague women; the tongues of the Nurse and Mercutio are seldom free from sexual matters – but the inocence of the lovers is umimpaired."[69]

---

69 *Encyclopedia Britannica*, Macropedia, 15th ed. vol. 27, p. 271

„R +J is Shakeare's greatest triumph up to this date. It is a pure tragedy of youth told in verse that is both youthful and intense. No such love lines of music had been heard before on the English stage. Some of the characters are mere diagrams; but Romeo, Juliet, Mercutio and the Nurse are now part of the world's mythology."[70]

Zu 4.
Aspects of Shakespeare's reception

a) Theatre critic Kenneth Tynan in 1960:

„...The result, in Franco Zeffirelli's production is a revelation, even perhaps a revolution. Nobody onstage seems to be aware he is appearing in an immortal tragedy, or indeed in a tragedy of any kind; instead, the actors behave like ordinary human beings, trapped in a quandary whose outcome they cannot foretell. Handled thus realistically, it is sometimes said, Shakespeare's essential quality gets lost. I passionately demur. What gets lost is not Shakespeare, but the formal, dehumanized stereotype we have so often made of him."[71]

b) In 1999, in a shortlist of six leading British figures 45,000 listeners to Radio 4' *Today* programme voted Shakespeare „personality of the millennium", narrowly beating Winston Churchill. The following excerpts reflect different approaches to the legacy that is Shakespeare.

---

70 George Sampson, *The Cambridge history of English literature*, Cambridge University Press, 1965, S. 260

71 *The Kenneth Tynan Diaries, quoted in* **The Times** *2, 8-10-2001, p. 3*

„He deals in the things that people have to struggle to put up with and the things they enjoy, from the young love of Romeo and Juliet to the frustration of King Lear banging on the unopen door of the universe and man's relationship with God or whatever we think of as God. His appeal is truly international."[72]

c) Professor Stanley Wells, chairman of the in ternational Shakespeare Association, quoted in Alexandra Frean, *Much ado about Shakespeare:*

„On the eve of the millennium, we might ask if Shakespeare is much more than a conveniently empty box to put things in.His plays and poems have acquired an all-purpose quality which has gone way beyond that breadth of vision for which he was long revered ... Shakespeare has become a cypher, one of those iconic figures ... who can be filled with any consumer message you fancy."[73]

d) Lisa Jardins, Professor of Renaissance Studies, University of London:

„William Shakespeare has had a greater influence on European literature than any other writer in the past millennium. He is regarded as one of the fathers of theatrical tradition in Germany; in Russia his works are almost aswell known as those of Pushkin; and they have been adapted into countless Italian operas, Russian ballets and Scandinavian films. The 20th century has seen the spread of Shakespeare further afield.
Shakespeare has been well served by his translators.One of the greatest and earliest examples was the publication in German in the early 19th century of his works by Ludwig Tieck and August

72 Texts quoted from Alexandra Frean, *Much ado about Shakespeare*, The Times, November 1999
73 ebd.

von Schlegel. Ever since, Shakespeare, performed in their classic translation, has been a mainstay of German theatre."[74]

e)

„*Shakespeare has had an enduring influence on popular culture, with his play* Romeo and Juliet *inspiring such works as:*
Romeo, *by Petula Clark, which reached number three in the UK singles chart in 1961.*
Shakespeare in Love (1998) *directed by John Madden, starring Gwyneth Paltrow as the young woman who falls for Shakespeare (Joseph Fiennes). The film draws on the imagination of Tom Stoppard and Marc Norman.*
Romeo and Juliet *by Dire Straits, which reached number eight in the UK singles chart in 1981.*"[75]

74 ebd.
75 ebd.

Literatur

Ausgaben:

Shakespeare, William, *Romeo and Juliet.* Geisen, Herbert (Hg.), Stuttgart: Reclam Nr. 9005, 2001
Shakespeare, William, *Romeo und Julia.* Klose, Dietrich (Hg.), Stuttgart: Reclam Nr. 5, 2000
Shakespeare, William, *Romeo and Juliet. Romeo und Julia.* Zweisprachige Ausgabe. Geisen, Herbert (Hg.), Stuttgart: Reclam Nr. 9942, 2001
Shakespeare, William, *Romeo and Juliet.* Spencer, T. J. B. (Hg.), The New Penguin Shakespeare, 1967
Shakespeare, William, *Romeo and Juliet.* Penguins Popular Classics 1994

Zu weiteren englischsprachigen Werkausgaben und weiterer Sekundärliteratur siehe Bibliographie in Reclam UB 9005, UB 9942 und Rowohlts monographien 551.

Peter Ackroyd, *William, this is your life. The TIMES,* 31. Mai 2001
Ahrens, Rüdiger (Hg.), *Shakespeare – Didaktisches Handbuch,* Bd. 1–3. München: UTB, 1982
Ahrens, Rüdiger, *Die Shakespeare-Rezeption in der Literaturdidaktik des 20. Jahrhunderts.* In: Ahrens, Rüdiger (Hg.), Shakespeare – Didaktisches Handbuch, Bd. 1–3. München: UTB, 1982, Bd. 1, S. 43–68
Burgess, Anthony, *Shakespeare, Eine Biographie.* Übers. Eugen Schwarz, Claassen, 1982

Burke, John, *An illustrated history of England*. London, 1980
Clemen, Wolfgang, *Romeo und Julia*. Rowohlts Klassiker, Bd. 4, 1957
Clemen, Wolfgang, *Das Drama Shakespeares*. Göttingen, 1969
Dale, Vera K., *Shakespeare and the Age that made him*. Stuttgart: Klett, 1987
Durant, Will und Ariel, *Englands Goldenes Zeitalter*. In: Kulturgeschichte der Menschheit. Bd. 20, Lausanne: Editions Rencontre, o. J.
dtv-Lexikon. München: Deutscher Taschenbuchverlag, 1974
Encyclopedia Britannica, Macropedia. 15th ed. vol. 27
Elisabeth Frenzel, *Motive der Weltliteratur*. 2. Aufl. Stuttgart: Kröner, 1980
Ford, Boris (Hg.), *The Age of Shakespeare*. Penguin Books 1960
Frean Alexandra, *Much ado about Shakespeare*. *The TIMES*, November 1999
Fripp, Edgar I., *Shakespeare- Man and Artist*. 2. Aufl. London: University Press, 1964
Gfrereis, Heike (Hg.), *Grundlagen der Literaturwissenschaft*. Stuttgart: Metzler, 1999
Funke, Peter, *Strukturalistische Interpretation: As you like it*. In: Ahrens, Rüdiger (Hg.), Shakespeare – Didaktisches Handbuch. Bd. 1–3. München: UTB, 1982; UTB, Bd. 2, S. 493–516
Glaap, Albert-Reiner, *Von Romeo zu Romanoff: Moderne Adaptionen von Romeo and Juliet im Englischunterricht*. In: Ahrens, Rüdiger (Hg.), Shakespeare – Didaktisches Handbuch. Bd. 1–3. München: UTB, 1982, Bd. 3, S. 913–932
Habicht, Werner, *Die „Shakespearebühne"*. In: Ahrens, Rüdiger (Hg.), Shakespeare – Didaktisches Handbuch. Bd. 1–3. München: UTB, 1982; Bd. 1, S. 181–198
Jung, Kurt M., *Weltgeschichte in einem Griff*. Frankfurt, Berlin: Ullstein, 1994

Kreft, Jürgen, *Grundprobleme der Literaturdidaktik*. Heidelberg: UTB, 1977

Ledebur, Ruth von, *Shakespeare in gymnasialen Lehrplänen und Curricula*. In: Ahrens, Rüdiger (Hg.), *Shakespeare – Didaktisches Handbuch*. Bd. 1–3. München: UTB, 1982. UTB, Bd. 1, S. 69–86

Leimberg, Inge, *Shakespeares Romeo und Julia*. München 1968

Gerhard Müller-Schwefe, *Sprichwörter als Übersetzungsproblem – Zum Beispiel Romeo and Juliet*. Die Neueren Sprachen, 1960, S. 341–351

Muir, Kenneth, *Changing Interpretations of Shakespeare*, In: Ford, Boris (Hg.), The Age of Shakespeare. Penguin Books 1960, S. 282–301

Neis, Edgar, *Interpretationen motivgleicher Werke der Weltliteratur*. Bd. II Historische Gestalten. Hollfeld: Bange, 1976

Neis, Edgar, *Erläuterungen zu William Shakespeare – Romeo und Julia*. Hollfeld: Bange, 1998, Band 55

Nightingale Benedict, *Death in Verona*. *The TIMES* Arts, 10. Juli 2001

O'Leary, John, *Millenial list picks poetry that pleases*. *THE TIMES,* 31. Mai 1999

Posener, Alan, *Shakespeare*. Reinbek bei Hamburg 1995, Rowohlts monographien 551

Priessnitz, Horst (Hrsg.), *Anglo-amerikanische Shakespeare-Bearbeitungen des 20. Jahrhunderts*. Darmstadt 1980

Quillian, Susan, *Romeo and Juliet*. Penguin Study Notes. Penguin Books 1985

Salingar, L.G., *The Elizabethan Literary Renaissance*. In: Ford, Boris (Hg.), The Age of Shakespeare. Penguin Books, 1960, S. 15–50

Sampson George, *The Cambridge history of English literature*. Cambridge University Press, 1965

Schabert, Ina, *Shakespeare-Handbuch*. Stuttgart: Kröner, 1992
Schlosser, Franz, *Romeo und Julia einmal anders. Praxis des neusprachlichen Unterrichts*, Nr. 4, 1994, S. 392–395
Schoenbaum, S., *Shakespeare's Lives*. Washington, 1988
Spencer T. J. B., *Introduction to The New Penguin Shakespeare*. London, 1967,
Stebner, Gerhard, *„Romeo and Juliet" im Vergleich zu Gottfried Kellers Novelle „Romeo und Julia auf dem Dorfe"*. In: Ahrens, Rüdiger (Hg.), Shakespeare - Didaktisches Handbuch. Bd. 1-3. München: UTB, 1982; UTB, Bd. 3 , S. 801–827
Suerbaum, Ulrich, *Der Shakespeare-Führer*. Stuttgart: Reclam, 2001
Taureck, Bernhard, *William Shakespeare zur Einführung*. Hamburg: Junius, 1997
Trevelyan, G. M., *English Social History*. Penguin Books 1976
Trevelyan, G. M., *English Social History*. London, 1961
Usher, Rod, *The Bard or Not the Bard*. Time, 13. Mai 1996
Weise, Wolf-D., *Julia und Romeo: If, A Plague On Both Your Houses*. In: Ahrens, Rüdiger (Hg.), Shakespeare - Didaktisches Handbuch, Bd. 1–3. München, 1982, Bd. 2, S. 159–171
Werlich, Egon, *The Learner's Vocabulary for Text Analysis*. Dortmund: Lensing, 1970
Wilpert Gero von (Hg.), *Lexikon der Weltliteratur*. Bd. II, Stuttgart: Kröner, 1968
Wilpert, Gero von, *Sachwörterbuch der Literatur*. 4. Auflage, Stuttgart: Kröner, 1964

Verfilmungen:

Es gibt eine große Anzahl von Kino- und Fernsehverfilmungen von *Romeo und Julia.* Im Folgenden seien nur die einzige deutsche Produktion sowie die aktuellste Verfilmung genannt:

Romeo und Julia. BRD (Verfilmung für das Fernsehen/ARD/WDR) 1964.
Regie und Drehbuch: Gerhard Klingenberg.

Romeo und Julia. USA 1996.
Regie: Baz Luhrmann.
(vgl. auch Titelabbildung)